Die Berliner Bildhauerin Renée Sintenis (1888–1965), mit ihren knapp 1,80 Metern und ihrem androgynen Look eine Ikone der Berliner Bohème, gehörte zu den erfolgreichsten Künstlerinnen der Weimarer Republik. Ihr Galerist Alfred Flechtheim inszenierte sie in seinem Gesellschaftsblatt *Der Querschnitt* hoch zu Ross oder lässig am Steuer ihres Rennwagens, ganz die Neue Frau. Die »schöne Renée« pflegte Freundschaften zu zahlreichen Künstlerinnen und Künstlern, darunter Joachim Ringelnatz, dem sie, bestens vernetzt, den Weg zum Erfolg ebnete. Mit Beginn der nationalsozialistischen Gewaltherrschaft wurde es still um die nun als »Halbjüdin« bezeichnete Künstlerin. Ihre Werke galten als »entartet«, sie wurde aus der Akademie der Künste ausgeschlossen. Heute vertreiben zwei Galerien in Düsseldorf, Ludorff und Vömel, ihre Arbeiten. Der Markt ist fast leer gefegt, die Preise steigen langsam, aber stetig. Wer war die Frau, die den Berliner Bären schuf und deren Plastiken heute u. a. in der Berliner Nationalgalerie und im New Yorker MoMA ausgestellt sind?

Silke Kettelhake ist Journalistin und Autorin. Sie schreibt für zahlreiche Tageszeitungen und Magazine, u. a. taz, Tagesspiegel, Filmdienst, Jungle World, Freitag, Quantara/Deutsche Welle, und hat mehrere Biografien über widerspenstige Frauen verfasst. Sie lebt in Berlin.

Silke Kettelhake

Renée Sintenis
Berlin, Bohème und Ringelnatz

ebersbach & simon

Inhalt

Die Entpuppung der Renate Alice – 7

Ein neues Leben – 18

Tanzen, bis die Masken fallen – 26

Das Findelkind – 38

Alfred Flechtheim – 43

Kopfgeburten für 1,5 Millionen Mark – 49

Die Sitzung – 55

Sylt, wilde Nordsee – 64

Tout ce qu'elle fait est jeune – 69

Aus dem Leben gerissen – 77

Mindestens Halbjüdin! – 81

Kunst und Krieg – 93

Der Gestank nach Krieg – 103

Ein so kapottes Herz – 111

Ich gehe nicht nach dem Westen.
Er kann zu mir kommen – 117

Das Erbe – 129

Dank – 135
Ausgewählte Literatur – 136

Die Entpuppung der Renate Alice

Ihre Kindheit erlebte Renée Sintenis, geboren am 20. März 1888, als Älteste von drei Geschwistern im ländlichen Neuruppin, einem preußischen Garnisonsstädtchen. Vor den Toren der Stadt lagen das Infanterieregiment Nr. 24 und die Landesirrenanstalt.

»Immer hatte ich mindestens drei Kaninchen in der Schürze und ein paar junge Hunde unter dem Arm, wenn ich durch die Felder zog«, erinnert sich Renée Sintenis. »Von früh an habe ich auch eine viel stärkere Beziehung zu Tieren denn zu Menschen gehabt ... Die Tiere forderten nichts von mir, sie wollten nichts, bei ihnen durfte ich ich selber sein.« Der Umzug der Familie nach Stuttgart brachte für Renée, damals noch Renate gerufen, die Trennung von den geliebten Vierbeinern und einen schmerzlichen ersten Liebeskummer. In ihrer Liebe zu Pferden erging es ihr wie so vielen Mädchen: »Im eigentlichen Sinne des Wortes lebt in meinem Herzen vor allem anderen eine beinahe abgöttische Liebe und Anbetung für Pferde. Diese Pferdeverehrung in mir erscheint mir immer von Neuem als von geheimnisvoller Bedeutung erfüllt ... fast möchte ich sagen, dass es eine metaphysische Angelegenheit ist.« Alle ihre Schulhefte sollen voller Pferdezeichnungen gewesen sein.

7

*»Von früh an habe ich eine viel stärkere Beziehung
zu Tieren denn zu Menschen gehabt ...«*

Wenn sie an ihre Jugend zurückdachte, so hatte Renée stets den Eindruck, als sei sie »durch alle Erlebnisse wie durch einen Traum hindurchgegangen«, so, als ob sie das Leben nichts anginge: »Meine Eltern waren sehr liebevoll und mancherlei Freunde und Bekannte durchaus verstehend mir gegenüber, aber trotzdem habe ich mich keinem angeschlossen. Auch habe ich von früh auf wie selbstverständlich alle meine inneren Dissonanzen in mir allein zu lösen und umzupolen versucht. Ein schwerer, einsamer Weg für ein Kind.«

Zu den gesellschaftlichen Pflichten gehört das still verstehende Lächeln, das die große Tochter zur Repräsentanz der Familie aufzusetzen hat, wenn einige der Geschäftsfreunde des Vaters zum Essen geladen sind und schon zur Begrüßung ein wenig schnalzend die körperliche Entwicklung der Ältesten kommentieren. Bei der Vorstellung, einer dieser Herren könnte sich entkleiden und mit seinem gesteiften Kragen die letzten Reste von Würde und Anstand ablegen, um sich kurzzeitig einer Lust hinzugeben – nein, hier zieht sich ihr die Kehle zusammen und die Zunge drückt dick gegen den Gaumen. In der Vorstellung der Heranwachsenden bleibt das Elternschlafzimmer ein Ort der Tabus und das Bidet gilt ihr über Jahre hinweg als Fußbadewanne. Heimlich wünscht Renate sich, weiterzuwachsen bis in den Himmel, in die Unerreichbarkeit. Als Riesin wäre sie wohl schwer vermittelbar.

Dennoch, auch der großen Tochter, die schon mit vierzehn Jahren auf die sich lichtenden Scheitel der meisten Männer herabsehen kann, wachsen plötzlich an manchen Körperstellen kräuselig tiefschwarze Haare. Die

Schutzmauern der Kindheit bersten. Darauf ist sie nicht gefasst, auch nicht darauf, dass sich an der flachen Brust zwei Fettklößchen bilden, die trotz kalter Waschungen und nächtlichem Abbinden nicht fortzukriegen sind. Das hellgrüne Seifensortiment von Roger & Gallet aus Paris und das Parfum *Quelque Fleurs* von Houbigant rührt sie nicht an. Renate probiert vor dem Spiegel der Eltern den Kleidungswechsel, die Halbwüchsige reckt sich, während die Anzugsjacken ihres Vaters lose von den Schultern hängen. Noch funktionieren der Eskapismus in die selbst gebauten Luftschlösser und die Hoffnung, dass Nahrungsentzug, kalte Bäder und das Schlafen zu ebener Erde gegen das Brüstesprießen helfen.

Schon damals ist Renate sich sicher – sie will Künstlerin werden! Ein ungewöhnlicher Wunsch für ein Mädchen im Kaiserreich. Mag das Kunststudium als Überbrückung bis zu einer erfolgreichen Heirat dienen, mit diesem Vorurteil kämpfen auch Rilkes Frau Clara Westhoff, Milly Steger, Emy Roeder, Chana Orloff, als sie sich für die Plastik entscheiden und ein Leben als Bildhauerin beginnen. Die Frau als Skulptur, als Objekt, das ja, aber als schaffende Künstlerin? Im Wilhelminischen Deutschland so gut wie undenkbar. Schon die Teilnahme der Studentinnen am Aktzeichnen ist mehr als grenzwertig, der Umgang mit Hammer und Meißel aber gilt als verpönt, ja als die unweiblichste aller Kunstgattungen überhaupt. Einer der damals maßgeblichen Kunstkritiker, Karl Scheffler, meinte, den Frauen fehle »der künstlerische Raumsinn, der den unendlichen Raum in Grundeinheiten auflöst und auseinandersetzt. Daneben darf dann auch nicht unterschätzt werden, dass die Frau schon der körperlichen Kraftentfaltung, die vor allem die Arbeit des Bildhauers erfordert, unfähig ist.«

1905 zieht die Familie Sintenis in die vom Bauboom geprägte Reichshauptstadt; Renate Alice verlässt das Gymnasium ohne Abschluss. An der Preußischen Akademie der Künste sind keine Frauen zugelassen, offen bleibt ihnen das Studium in der Unterrichtsanstalt des Kunstgewerbemuseums oder in der Malschule des 1867 gegründeten Vereins der Künstlerinnen und Kunstfreundinnen zu Berlin.

Jeden Morgen schaukelt der Pferdeomnibus Renate die Potsdamer Straße in Richtung Tiergarten, ein kleiner Fußmarsch führt sie schräg über den Potsdamer Platz zur Königlichen Unterrichtsanstalt des Kunstgewerbemuseums in die Prinz-Albrecht-Straße. Der Saum ihrer Robe trotteuse, ihres einzigen Straßenkostüms, reicht bis über die Knöchel und schleift durch Staub und Pferdekot. In die Achselhöhlen sticht die Halterung des Korsetts und reibt das schweißfeuchte Fleisch wundrot. Aufgewachsen ist sie in einer Zeit, als Wickeltaillen, fischbeinverstärkte Miederkorsetts, steife Unterröcke, umhüllende Plissees und Volants als unerlässlich galten und die Wocheneinteilung einen Tag für das Ausbessern der Wäsche vorsah. Noch stecken ihre Füße in hohen braunen Lederschnürstiefeln mit zolldicken Gummisohlen, die längst neue Absätze verdient hätten. Hier in Berlin rückt der Saum etwas höher als in der Provinz und die Frauen können endlich das Maß ihrer Schritte ein wenig verlängern. Neidisch blickt Renate auf diese feengleichen Wesen, die den Kurfürstendamm bevölkern in ihren wadenlangen weißen Blusenkleidern, schräg auf dem Kopf kess ein kleines Hütchen. Launig und unbeschwert scheinen sie und anstelle die Augen züchtig zu senken, sucht so manche die männlichen Blicke zu kontern.

Mit 17 Jahren beginnt Renate ihre Ausbildung in der Klasse für »dekorative Plastik« bei Professor Wilhelm Haverkamp: »Bilder fand ich scheußlich. Da ich die Malerei so ablehnte, ja beinahe hasste, so blieb mir, wie es schien, nur die Bildhauerei übrig.«

Die Aufnahmeliste 1905/06 kennt mit Datum des 25. Dezember 1905 unter der laufenden »Nummer 422 Frl. Sintenis, Renée, Geburtsort Glatz, Gewerbe nein, Arbeitsstellung nein, Staatsangehörigkeit Preußen.« Das Eintrittsgeld beträgt drei Reichsmark, das Schulgeld 60 Reichsmark. Sogleich wird sie lobend erwähnt im »Wettbewerb der Fachklassen«. Renée klingt ihr statt der hölzernen Renate wie ein Kosename; im gesprochenen Französisch ist die Endung nicht als männlich oder weiblich zu erkennen. Endlich die steife, schüchterne Renate loswerden! Sie besucht den Unterricht regelmäßig, ihr Fleiß wird mit einer Eins benotet, der Erfolg mit Note Zwei etwas geringer. Auf dem Lehrplan steht »wertmäßige Steinbearbeitung mit dem Meißel, Improvisationen in Licht- und Schattenspiel«. Alles für die Praxis: Pflanzenkübel für einen Lorbeerbaum, Wandfries in Kachelmalerei für ein Fleischwarengeschäft, Plakat einer Antiquitätenhandlung, holzgeschnitzte Viereckrosette als Türfüllung, Emailleplatten für die Rückseite eines Handspiegels, der Entwurf eines Abrisskalenders für die Firma Wertheim, Heizkörperverkleidungen in Metall. Zudem nehmen die Schülerinnen und Schüler an öffentlichen Wettbewerben teil: Dr. Oetkers Backpulver wird beworben, ein Zigarettenplakat für Waldorf Astoria entworfen, ein Plakat für Pelikan-Tuschen.

Einer ihrer Lehrer an der Unterrichtsanstalt, der Maler und Schriftkünstler Professor Emil Rudolf Weiß, wird ihr zum väterlichen Freund. Die *Weiß'sche Fraktur* habe ihn wieder gelehrt, so Thomas Mann, wie viele Schönheitsmöglichkeiten in der deutschen Schrift beschlossen liegen. Für den Tempel-Verlag lieferte Weiß die Schriften für die vielbändigen Klassikerausgaben u. a. von Goethe, Schiller, Kleist, Heine, Uhland, Mörike, Lessing und Shakespeare; in den neuen Ozeandampfern der Lloyd speisen die Reisenden unter dekorativen Wandgemälden von Emil Rudolf Weiß auf ihrer Überfahrt in die Neue Welt.

Weiß, noch in erster Ehe verheiratet, sieht nicht nur das große Talent seiner Schülerin, der die Perfektion liebende Schriftkünstler ist hingerissen von der außergewöhnlichen Eleganz ihrer Bewegungen, die ihr in ihrer Gehemmtheit kaum bewusst wird. Es ist diese Leichtigkeit, diese intellektuelle Nonchalance in den Unterhaltungen bei den Weiß'schen *Music Coffees*, die Selbstverständlichkeit, mit der die gelieferten Canapées verzehrt werden, während zuhause aus Geldgründen das Dienstmädchen entlassen wurde, die Renée im Kreis von Emil Rudolf Weiß fasziniert. Eine wuchtige stilistische Noblesse verleihen die Van de Velde-Möbel dem großen Salon, beherrscht von den allgegenwärtigen Mustern der Weiß'schen Jugendstil-Tapeten, dicke Teppiche schlucken die Schritte. Nie wieder arm sein, das ist ihr heimliches Mantra! Renées Vater Bernhard Sintenis, Anwalt am Kammergericht, kann und will das Schulgeld für seine Älteste nicht mehr aufbringen, zudem braucht er eine Schreibkraft; zu den Stipendiaten gehört Renée nicht. Seine viel zu groß geratene Tochter mit den viel zu großen Wünschen lernt daraufhin notgedrungen Stenografie und Schreibmaschine: »Aber ich habe pflichtgetreu geübt und geschrieben wie eine Biene, nur konnte ich in den meisten Fällen das Stenografierte hinterher nicht mehr lesen. Wahrscheinlich habe ich mich auf diese Weise an einer Arbeit gerächt, die mir ein unerträglicher Druck sein musste. Natürlich erschien ich mir auch sehr unbegabt dabei.«

Nach dem abrupten Ende ihrer Ausbildung steht Renée vor dem Nichts. Die Zukunft macht ihr Angst wie ein dumpf tönender, stetiger Grundbass. Sie ist ein No-Name, mittellos. In den Volksküchen gibt es Leber, Herz, Magen und Kaldaunen, ein kleiner Imbiss für wenig Geld. Bei Aschinger, berühmt für seine immer kostenlos aufgefüllten Körbchen mit den kleinen Dampfbrötchen, dem Kümmelbrot und den Salzstangen, machen Löffelerbsen mit Speck für 30 Pfennige satt. Kleingeld, das trotzdem fehlt, denn der Gang zum Zigarettenladen ist ihr mittlerweile zur Gewohnheit geworden. Nach brieflicher Verabredung mit der Mutter Margarethe, eine geborene Friedländer, wechseln sie in einem Café nichtssagende Worte, in denen die unausgesprochene Verzweiflung vibriert. Die Tochter steht da als mittellose Künstlerin ohne Abschlusszeugnis, eine Heirat ist nicht in Sicht. Einzig die Verbindung zu Emil Rudolf Weiß scheint eine Konstante, ein Halt in einer haltlosen Zeit.

1910 lässt Renée ihren langen, dichten Zopf beim Friseur. Mühsam trennt der Meister Strähne von Strähne, unaufhaltsam frisst sich die Schere durch die dunkle Haarmasse. Im Spiegel verfolgt sie die Bewegungen und in den Augenwinkeln begegnen ihr die entrüsteten Blicke der Kundinnen, die neugierigen der Lehrmädchen. Haare gegen Geld. Der Zopf ist ab! Nie mehr Kopfschmerzen von zwickenden Haarnadeln und verdrehten Knoten! Welche Leichtigkeit plötzlich, alles scheint möglich, als ob ein luftiger neuer Gedankenansturm sie anflöge.

Hunderte Mädchen stehen, liegen, sitzen Modell in den Ateliers und hoffen, als Muse entdeckt zu werden von männlichen Künstlern, die selbst auf ihre Chance zum Ruhm warten. Auch Renée steht dem von ihr bewunderten Bildhauer Georg Kolbe Modell. Scheinbar locker posiert sie nackt, das Haar kinnlang, die Beine strecken sich wie bei einer Athletin kurz vor dem Sprung. Kalter Schweiß tröpfelt, langsam, in einem Rinnsal und empörend unaufhaltsam, die Achseln hinab zur Taille. Dann die Befreiung, das hastige Anziehen hinter dem Wandschirm.

Das Kolbe-Atelier in der Von-der-Heydt-Straße gleicht einer klischeehaften Vorstellung von einem Harem: Frauenskulpturen stehen und liegen auf engstem Raum, nackt und in der Masse der ungeordnet lagernden Gipskörper seltsam gesichtslos. Für Renée werden diese regelmäßigen Sitzungen zu einer Offenbarung. Georg Kolbe arbeitet ganz anders als der Wilhelminische Bildhauer Professor Wilhelm Haverkamp, Erschaffer insbesondere von Krieger- und Kaiser-Wilhelm-Denkmälern. Schwere Gerüste mussten die Schülerinnen aufstellen, die Arme wie gelähmt in der steten Anstrengung und dennoch zur

Arbeit befohlen. Renée entwickelte einen tiefen Abscheu vor der Monumentalplastik.

Georg Kolbe dagegen, der Bildhauer mit den weichen Gesichtszügen und dem rundlichen Kinderhaarschnitt, formt geradezu zärtlich an seinen ebenso von Rodin wie von Maillol beeinflussten Aktfiguren. Er notiert in seiner eigenhändig geführten Werkliste bei einer Figur in Klammern »Sintenis, 1910« als Werktitel.

Drei Jahre später, das Fräulein Sintenis ist inzwischen 25 Jahre alt und immer noch unverheiratet: In der Berliner Herbstausstellung, der *Secession*, zeigt sie drei Tänzerinnen aus Gips, mit hoch angesetzten kleinen Brüsten, die Füße versetzt aufgestellt. Die Berliner *Secession* war 1898 von 65 Künstlern mit Walter Leistikow als Vorsitzendem gründet worden, treibende Kraft für die »deutschen Illusionisten« war Max Liebermann. Emil Rudolf Weiß, der Renée Sintenis unterstützt, ist Mitglied der Jury.

Bronzegüsse kann sich die autodidaktische Anfängerin noch nicht leisten. Verhalten neigen die Mädchen die Köpfe mit den kurz geschnittenen Haaren, die Arme hinter dem Rücken verschränkt, ganz autark, versunken und verträumt in einem vibrierenden Tanzrhythmus, der nur für sie gedacht ist. Hinzu kommt eine Stehende, die wie ertappt im letzten Moment ihr vergessenes Tuch über den nackten Leib ziehen will, um sich vor den Augen des Betrachters zu schützen. In der Rezension der Ausstellung bemerkte der Kunstkritiker Walter Georgi für das wegweisende *Kunstmagazin Deutsche Kunst und Dekoration* im Februar 1914 die »ätherisch-graziöse Wirkung« der Sintenis-Arbeiten.

Im Vorfeld des Ausbruchs des Ersten Weltkriegs zeigt Renée Sintenis fünfzehn Arbeiten in der Kunsthalle Mannheim, die bekannt ist für ihr wagemutiges Ausstellen französischer Impressionisten. In der Ausstellung *Stilentwicklung der Plastik* vom 1. Mai bis zum 31. Juli 1914 präsentiert sie fünf stehende Frauenfiguren, eine Hockende sowie neun Zeichnungen. Viele der Frauenfiguren zeigen Ähnlichkeiten mit der Künstlerin. Mittels der stilisierten Bewegungsstudien der weiblichen Akte in ihrer Ruhe und Unversehrtheit liefert Renée Sintenis ihre Antwort auf die expressionistischen, herausfordernden Werke ihrer männlichen Konkurrenten, die von Krieg und Revolte erzählen.

Ein neues Leben

Renée Sintenis begleitet den Maler Emil Rudolf Weiß, den sie bald liebevoll-spöttisch gemäß seiner süddeutschen Heimat Peterle nennt, zu seinen Aufträgen, etwa nach Schloss Eichholz bei Sechtem, er gestaltet eine Veranda, weiter nach Ambleteuse, Pas-de-Calais, ans Meer. Die, die es sich leisten können, und dazu gehören Weiß und sein Kreis, dinieren, bestellen Hors d'œuvres variés, Möweneier in Cumberlandsauce, Krebse an Dillmousse, Molossolkaviar im Eisblock, Rindermark auf Toast, Weinbergschnecken mit heißer Kräuterbutter, schneeweiße Spargelspitzen und ein blutiges Roastbeef; und zu jedem Gang die passenden Weine. Leise und zuvorkommend agieren die Ober, schwebend eilfertige Geister mit weißen Handschuhen auf lautlosen Sohlen.

Plötzlich sind die Schlagzeilen der Zeitungen mit dicken schwarzen Balken unterlegt: Ultimatum, Mobilmachung, Krieg! Am Sonnabend, dem 1. August 1914, inmitten der Sommerfrische, inmitten der Ernteeinsätze im Korn, erscheint eine ganze Welt über Nacht als brüchig. Die Euphorie des sommerlichen Aufbruchs in den Krieg im August 1914, als die Mobilmachungswelle Berlin in einen brodelnden Hexenkessel junger entschlossener Soldaten verwandelt, ist schnell dahin. Säbelrasseln und Marschlieder, Rumtätä und aufmarschierende

Militärkapellen, das war einmal in einer plötzlich fernen Vergangenheit, als die Welt Schwarz-Weiß-Rot werden sollte und dem Reich durch die Kolonien »ein Platz an der Sonne« sicher schien. Die männliche Jugend macht Notabitur, eine Reifeprüfung fürs Massengrab, und marschiert in den Heldentod, immer ein Lied auf den Lippen, im gleichen Schritt und Tritt, Morgenrot, Morgenrot, früher Tod, Argonnerwald, ein stiller Friedhof bist du bald.

Der Ausflug zum Frühstück nach Paris erstarrt in einem aussichtslosen Stellungskrieg und die Hoffnung, Weihnachten siegreich zu Hause zu verbringen, erweist sich als trügerisch. Sieben Monate nach Kriegsbeginn ist das Brot in der Hauptstadt rationiert. Die Verpflegung der Bevölkerung übernehmen Großküchen mit Grieß- und Wassersuppen; das Vaterland ehrt seine Kriegshelden mit einem Orden auf der zerlumpten feldgrauen Uniformjacke und der Lizenz zum Betteln. Auf den Straßen Berlins bitten Kriegskrüppel leise um Almosen, Kriegsblinde tasten sich an den Hauswänden entlang. Junge Männer ohne Unterkiefer, die Beine amputiert, die Gesichter verzerrt wie in ewigem Schrecken, bevölkern die Trottoirs der Hauptstadt. Ohnmächtig sinken die Frauen vor den öffentlichen Bekanntmachungen zu Boden, wieder zerstört eine Todesnachricht einen gemeinsamen Lebensplan.

Der Giftgaskrieg tobt im Westen und die Berliner Schüler kleben in ihr »Gloria-Victoria-Album« Postkartenbilder vom Völkerkrieg. Zu Weihnachten bekommen die Kleinen Bilderbücher wie *Vater ist im Krieg*, unterm Tannenbaum liegt das Spiel *Ein U-Boot torpediert ein Kriegsschiff.*

Im zweiten Kriegsjahr 1915 reicht Renée Sintenis wieder auf Drängen von Emil Rudolf Weiß Arbeiten an die Berliner *Secession* ein. Ernst Barlach, Wilhelm Lehmbruck, Ernesto de Fiori gehören nun zu ihrem engeren Bekanntenkreis – zu dem von Emil Rudolf Weiß. Der Siebenundzwanzigjährigen gelingt der erste große Erfolg mit einer Maske ihres Gesichts, lebensgroß in Terrakotta ausgeführt; die Maske ging in die Sammlung des Bankiers Karl von der Heydt. Renée Sintenis, dennoch bescheiden: »Ich habe nie gewusst, ob ich viel oder wenig oder ob ich überhaupt etwas Besonderes kann. Ich glaube es nur, weil die anderen es mir stets von Neuem sagen und ich am Erfolg die Wirkung merke. Mir ist mein Schaffen nichts anderes als ein selbstverständliches Müssen.«

Die Künstlerin präsentierte sodann etwas sensationell Neues: Fohlen anstatt ausgewachsener Pferde, Kälbchen, junge Eselchen, verspielt, unschuldig und sich selbst genug. Erstmals zeigt sie ihre kleinen Tierplastiken: *Junges Reh*, *Kniendes Reh*, kleine handschmeichlerische Figuren, in Bronze gegossen, auf Kredit bei der Berliner Gießerei Hermann Noack in Friedenau – mitten im Ersten Weltkrieg. Das Publikum ist hingerissen. Die Tierchen der Sintenis entwickeln sich zum Verkaufsschlager. Ob *Fohlen*, *Stehendes Reh* oder die *Liegenden Gazellen* von 1916 – die Tiere, in mehreren Auflagen gegossen, sind ein ideales Geschenk. Auf manch einem großbürgerlichen Kaminsims, auf den Schreibtischen der Mächtigen, aber auch in den Kinderzimmern der Luxusvillen steht der Streichelzoo der Sintenis. Noch wird ihre Kleinplastik eher für den privaten, persönlichen Gebrauch gekauft. Mit der kommerziellen Vervielfältigung ihrer Tiere als nummerierte und limitierte Serien liegt die Sintenis im Trend. Ladenbronzen nennt der Volksmund in Berlin die auch für ein breiteres Publikum erschwinglichen Kleinplastiken despektierlich. Die genialische Aura des einmaligen, echten Kunstwerkes wie auch des dazugehörigen Künstlertums aber glauben viele der zeitgenössischen Kritiker mit der mehrfachen Ausfertigung verloren.

Doch die Plastiken der Sintenis setzen sich durch. Die vermeintliche Einfachheit wird zur Herausforderung: Leichtigkeit der Bewegung und Lebendigkeit des Individuums bleiben gewahrt in ihren Schöpfungen – während in den Schützengräben Tag und Nacht das große Abschlachten regiert und die Reallöhne 1916 empfindlich fallen.

Rainer Maria Rilke, zeitweilig Sekretär des Pariser Bildhauers Auguste Rodin, wird neben dem Publizisten Harry Graf Kessler, der in seinen Tagebüchern mit über 10.000 Seiten und ca. 40.000 Personen ein Panorama der Zeiten schuf, zu einem wichtigen Vermittler und zum Verkäufer der ersten Objekte an einen der bedeutendsten deutschen Kunstsammler: »Rilke blieb mir in der Tat ein rührender Freund, er gab mir auch immer die nötigen Antriebe, die ich von Zeit zu Zeit sehr notwendig brauche«, so Renée Sintenis. »Ich war damals stolz wie ein Junge, der zum ersten Mal sich erwachsen fühlen darf. Daher ist mir die Persönlichkeit des Berliner Kunstliebhabers von der Heydt auch in gutem Gedächtnis geblieben, weil die reine Freude, die mich über diese Anerkennung erfüllte, zu meinen schönsten Erinnerungen gehörte.«

Ihr nur 3,3 Zentimeter kleines zweites Selbstporträt, 1916 gegossen in Silber, befindet sich heute in der Neuen

Nationalgalerie, Berlin, ihr drittes Selbstporträt mit 7,3 Zentimetern befindet sich in der Sammlung Knauf, Berlin. Die Selbstvergewisserung im eigenen Porträt wird die Sintenis ihr Leben lang begleiten.

Im Kriegsjahr 1917, am 3. Dezember, heiraten der zweiundvierzigjährige Emil Rudolf und die neunundzwanzigjährige Renée, ein schneller Gang zum Standesamt, ohne Familie, bevor auch Weiß eingezogen wird. Im Jahr zuvor ist ihr jüngerer Bruder Joachim gefallen, im Jahr der Hochzeit der Vater. Renée ist in Trauer: »Ich war im Grunde meines Vaters Kind, trotzdem ich meine Mutter sehr geliebt habe, aber das Verhältnis zum Vater war irgendwie anders. Auch physisch sah ich ihm ähnlich, wir sind beides körperliche Riesen.«

Emil Rudolf Weiß liebt seine Frau, die Unerreichbare, die in den Wolken zu schweben scheint, die scheue Renate in der weltgewandten Renée. Er liebt sie wie in einem steten Bekehrungsakt, liebt die immer Ferne, die doch neben ihm lebt. Mit der Flüchtigkeit eines Augenblinzelns entzieht sie sich dem eben noch hautnahen Gespräch, der Umarmung. Emil Rudolf Weiß kämpft mit Vehemenz gegen diese nachlässige Gleichgültigkeit an, diese scheinbar fühllose Kälte; gegen die Gewissheit, nie genug geliebt zu werden. Er weiß um die Fragilität der gemeinsamen Zärtlichkeiten, gepaart mit der ungeschützten Freigabe des Selbst. Je aussichtsloser das Unterfangen, ihre Liebe zu domestizieren, sich anlässt, desto unnachgiebiger packt ihn ein wütender innerer Zorn, ein Groll, der ihr niemals sichtbar werden darf. Festhalten will er sie, in seinen Armen bergen, biegen und besitzen. Doch die für die Ewigkeit gedachten Momente zerrinnen in ihren gemeinsamen Sitzungen in seinem Atelier. Unzählige Male umreißt er ihren Kopf auf dem hohen Hals mit dem Zeichenstift, ihren nackten Körper, er skizziert schnell, ringt um die Flüchtigkeit ihres eben noch fassbaren Ausdrucks – und verwirft. Dreizehn Ölgemälde lassen sich nachweisen, hinzu kommen Aquarelle, Zeichnungen, Grafiken. Weiß soll die meisten Bilder für sich behalten haben.

Neben den Tierfiguren, die in regelmäßiger Produktion aus der Gießerei Hermann Noack ihre Käuferschaft finden, greift Renée mit ihrer *Kleinen Daphne* von 1917 eines der tiefen mythologischen Themen aus den *Metamorphosen* des Ovid auf. Ihre *Daphne* entzieht sich der männlichen Verfolgung wie mit einem lauten Schrei, der den gesamten Körper durchdringt. Um den amourösen Angriffen des Apollon zu entgehen, fleht die vom Pfeil des Eros Getroffene ihren Vater Peneios an, sie in einen Lorbeerbaum zu verwandeln: Ein Sinnbild der Angst vor der geschlechtlichen, vor der drängenden männlichen Liebe, der nur mit dem Entzug der eigenen Person in eine andere Welt, in die der Pflanzen, begegnet werden kann.

Als Arbeitsmaterial zieht Renée Sintenis das leichter formbare Wachs dem Ton vor. Langsam entsteht auf dem Modellbrett, das sie auf einem Tisch nahe dem Fenster platziert, ein eigenes Wesen. In steten Wanderungen, im Spiel des wechselnden Lichts, mit und entgegen der Sonneneinstrahlung, sichtet sie ihr Modell wie eine Jagende, die auf den richtigen Moment wartet.

1918 ergibt sich Deutschland im »Schandfrieden«. Ausgelöst von der Meuterei in der deutschen Hochseeflotte Ende Oktober frisst sich ab dem 4. November der

Die »schöne Renée« mit ihrem Mann,
dem Maler Emil Rudolf Weiß

Feuerbrand der Revolution durchs Reich. Der Hass auf Seine Majestät ist überall spürbar.

Deutschland taumelt aus einem verlorenen Krieg in die Demokratie. »Nieder mit Versailles!«, schreien die einen. »Nie wieder Krieg!«, skandieren die anderen.

Im Salonwagen des Marschall Foch unterzeichnet der Zentrumspolitiker Matthias Erzberger im Wald von Compiègne den Waffenstillstand. Über Nacht ist die Wilhelminische Ordnung des Kaiserreichs aufgehoben. Die Welt ist aus den Fugen. 1,9 Millionen Männer zwischen sechzehn und sechzig Jahren haben ihr Leben lassen müssen, auf 4,2 Millionen Verwundete gehen die Schätzungen, Hunderttausende gelten als vermisst. Der Maler Max Liebermann notiert: »Berlin ist zerlumpt, schmutzig. Abends dunkel und eine tote Stadt, dazu Soldaten, die Streichhölzer und Cigaretten in der Friedrichstraße verkaufen, blinde Drehorgelspieler in halb verfaulten Uniformen, mit einem Wort: jammervoll.« Die Frauen hatten die Maschinen der Rüstungsbetriebe übernommen, als Straßenbahn- oder Fahrstuhlführerinnen, als Kraftfahrerinnen für die Armee gearbeitet. Nun drängen die etwa zehn Millionen heimkehrenden Soldaten zurück an ihre Arbeitsplätze. Millionen von nicht versorgten Witwen und Waisen hinterlässt der Krieg. Die Trümmer des Kaiserreiches, die Schrecken, den inneren und äußeren Zusammenbruch, überfliegt Renée Sintenis, getragen von ihren ersten großen Erfolgen.

Tanzen, bis die Masken fallen

Berlin, Lützowufer 13. Schwarz gewellt liegt der Land-
wehrkanal in der Winterkälte und die Augen der Automobile irrlichtern in den kahlen Ästen der Bäume. In
der Vorhalle zur Galerie Flechtheim vibriert die Luft in
Schwaden von teurem Parfum und Zigarrenrauch. Ge-
sprächsfetzen und Lachen empfangen die verwegen gekleideten Gäste zum Maskenball. 1922 haben die Jungen
das Geld und sie geben es aus, denn morgen schon ist es
nichts mehr wert. Die Älteren, gereift mit der steten Ver-
mehrung ihres Besitzstandes, verlieren alles. Selbstmorde
sind an der Tagesordnung. Der Dollarwert klettert un-
ablässig, die Mark stürzt. 500 Reichsmark sind Ende des
Jahres gerade noch einen Dollar wert. Bankguthaben lösen sich in Nichts auf. Sparen ist sinnlos; was heute nicht
verjubelt wird, hat morgen schon keinen Wert mehr.
Tanzwut und Lachzwang halten die Stadt im Griff.

Die »*Querschnitts*-Bälle«, benannt nach dem legendä-
ren, großformatigen Magazin des fünfunddreißigjährigen
Galeristen Alfred Flechtheim, experimentell in Fotogra-
fie, Schrift und Inhalt, sind legendär. Die Hautevolee
feiert die Inflation und den neuen Realismus in Sachen
Liebe, abseits aller gefühlsduseligen, schwelgerischen Ro-
mantik. Parkettspiegel und Lichterglanz. Hungrige Blicke. Glitzerndes Gewühl der Gold- und Silberschuhe,

Die Paradekünstlerin der Galerie Flechtheim
in den 1920er-Jahren

flimmernde Seidenbeine, krampfhaftes Hälserecken, um Bekannte zu entdecken, möglichst prominent. Wie hinter Karnevalslarven verwischen die Gesichter. Halb nackte Körper präsentieren sich der Gier. Schnelles Streifen eines Schenkels, einer Brust, Hauptsache Fahrplan Lustigsein, und das Lächeln friert fest in Koketterie mit dem Abenteuer.

Hier das Rezept für einen Flechtheim-Ball: »Man nehme sehr viele schöne Frauen, fünf Mitglieder der Haute-Banque, mehrere andere Bankiers, je fünf prominente Schauspielerinnen, Tänzerinnen und mehrere berühmte Rechtsanwälte, Dichter, Parlamentarier, Frauenärzte, Boxer, etwas von der Konfektion, Matratzen, die Sintenis und die Hatvany, drei Schnapsfabrikanten, Erik Charell und Lotte Cassirers Jüngsten als Dekorateure, Gin, eine Jazz-Band, den Tänzer Henri, Berlins prominente Maler und Bildhauer, Stoperan im Frack [Theodor W. Stoperan, Prokurist des Kunstmagnaten Paul Cassirer], Kunsthistoriker im Smoking ... Hochadel und Adel seit 1888, den spanischen Militärattaché als Vertreter des Gesandten seiner Majestät des Königs Alfonso, einen Verleger, der, an die elegische Blässe der charmantesten Galerie-Direktorin gelagert, sich in frühere Zeiten zurückträumt, da er nur auf dichterischen Abwegen ging und noch nicht diesem Rattenkönig und Barhalter den *Querschnitt* zu vollziehen hatte, sehr viel Pfirsichbowle, 600 von Lotte von Mendelssohn eigenhändig geschmierte Butterbrote, von den drei Schnapsfabrikanten gestifteten Alkohol und Mixer, warme Würstchen, eine Düsseldorferin aus Argentinien und eine aus Zürich, eine Bilderbude, gedrängt voll und schlauchlang, wie dieser Satz, und dann hat man den *Querschnitt* durch Alfred Flechtheim von Mitternacht bis Morgen.«

Der Galerist, leidenschaftlicher Autodidakt in Sachen Kunst, verharrt momentweise allein und blickt nachdenklich in das Treiben. Flechtheim wirkt richtunggebend, führend. Er macht alles. Er ist überall zu gleicher Zeit, in einem einzigen großen Wirbel. Der große Salon schlingert, als würden die Passagiere auf einem rollenden Schiffsdeck trunken ineinanderfahren.

Die Sintenis und die Hatvany: Still ruhen sie da im Treiben, zwei müde Derwische, betont lässig hingestreckt, aneinandergelehnt auf dem Diwan, an einer Wasserpfeife ziehend. ›Dein Mund sagt nein, doch deine Augen sagen ja. Geliebte Frau, ich werd' dich heut noch küssen‹, gibt die Kapelle. Die weit geöffneten, graugrün melierten Augen der Sintenis tauchen ab in die ihrer Freundin Christa Hatvany, Offizierstochter, geborene Winsloe. Alles ist Spiel, alles ist möglich. Meilenweit entfernt liegen die Zeiten, als Renée Sintenis noch Renate gerufen wurde und die Hatvany als Ehefrau eines adligen ungarischen Großgrundbesitzers, des Schriftstellers und Lebemannes Ludwig von Hatvany, im Kreis der Familie repräsentieren musste. Ihre Essays erscheinen in Zeitungen und Zeitschriften wie der *Vossischen*, dem *Berliner Tageblatt* und dem *Querschnitt*. 1909 studierte Christa an der Münchner Kunstgewerbeschule ebenfalls das ›unweibliche‹ Metier der Bildhauerei. Mit großer Leidenschaft und weniger Erfolg modelliert sie in lebensgetreuer Größe ihre ausgewachsene Sau und die anderen Tiere, die mit ihr im Atelier hausen. Mit ihrem autofiktionalen Roman *Das Mädchen Manuela* erzählt Christa Winsloe ihre

traumatischen Kindheitserfahrungen von Erziehungs-
zwängen und lesbischer Liebe, von ihrer Sehnsucht nach
Selbstbestimmung. Die Verfilmung ihres Romans unter
dem Titel *Mädchen in Uniform* mit Romy Schneider und
Lilli Palmer wird 1958 zum Welterfolg werden.

Renée Sintenis ist die deutsche Paradekünstlerin der
nach Frankreich orientierten Galerie Flechtheim, Museen und Sammler kaufen ihre Plastiken. Die Sintenis ist
in, ist ein Begriff im mondänen Berlin der 1920er-Jahre:
Eine Riesin mit Bubikopf, die nie vergessen wird, wie
ihre langen Arme einst ungeschickt um die stelzigen Beine schlingerten, bis hinunter zu den Knien. Nie vergisst
sie die Hänselein der Mitschülerinnen, die enttäuschten
Blicke der Eltern, die doch so viel lieber einen Sohn als
Erstgeborenen gehabt hätten. Liebenswürdig und abwe-
send wirkt sie auf ihre Entourage, wenn sie wieder vergisst, ihre Zigarette abzustreifen. Ihr Ehemann gehört,
wie so oft, nicht dazu.

In fahler Helligkeit kriecht der Wintermorgen wie eine
lahme Fliege über den Fenstersims, abgestanden riecht es
nach Kaschemmenlust.

»Guckt mal, Kinder, wen ich gefunden habe! Einen echten Ringelnatz!«, lacht der ewig jungenhaf-
te Schriftsteller und Feuilletonist Hans Siemsen. Zum
Flechtheim-Kreis gehört er seit nunmehr zehn Jahren, seit
sie sich im Pariser Café du Dôme am Boulevard Mont-
parnasse 109, Ecke Rue Delambre, trafen. Hans Siemsen,
einer der wenigen Hausfreunde der Sintenis, ist Redak-
teur des *8-Uhr-Abendblatts*, schreibt für die *Weltbüh-
ne*, die *Frankfurter Zeitung*, den *Uhu* und natürlich für
die Flechtheim'sche Magazinkreation *Der Querschnitt*.

Als einer der Ersten unter den Feuilletonisten macht er auf das Kino von Charlie Chaplin aufmerksam. Hans Siemsen gehört zu denen, die ›so‹ sind trotz Verbot und Verfolgung. Offen schwul, streitet er für die Abschaffung des § 175. Wer ›so‹ ist, ist jetzt tausendmal interessanter als Mann und Frau, die zusammen ins Bett steigen, um Kinder zu zeugen – wie spießig!

Höflich und gleichgültig reicht Renée Sintenis Joachim Ringelnatz die Hand. Der neununddreißigjährige Dichter knickst mädchenhaft. Renée muss lächeln über den klein gewachsenen komischen Kauz. Ihr ernstes, gleichmäßiges Gesicht unter dem dunklen Haarhelm leuchtet auf in spitzbübischer Jungsmanier. Sie ist vierunddreißig Jahre alt und auf dem Zenit ihres Ruhmes, unabhängig, trotz oder aufgrund ihrer Ehe.

Ganz anders Joachim Ringelnatz alias Hans Gustav Bötticher: Ohne Beruf, ohne Stellung ist der Marineleutnant a. D. vor einem Jahr wie all die anderen als Verlierer aus dem Ersten Weltkrieg vom Minensuchboot zurückgekehrt, frei von allen Illusionen. Einst Schiffsjunge aus Leipzig, der als Achtzehnjähriger auf der »Elli« an den Masten bis hinauf zu den höchsten Segeln, den Wolkenkratzern, kletterte; als Kuttel Daddeldu vertauschte er das Schwanken auf den Weltmeeren von Konstantinopel bis Rio de Janeiro mit den breit gezimmerten Brettern der Bühnen. Tagsüber knobelt er an seinen Versen, nachts kocht er sie auf im Berliner literarischen Kabarett *Schall und Rauch* im Keller des Großen Schauspielhauses. Hier, neben den Auftritten der legendär hässlichen Rosa Valetti, wenn Blandine Ebinger den Klabund-Song *Ick baumle mit de Beene* intoniert, steht er, Anarchist aller Künste, breit- und krummbeinig, in einem alten blauen Sweater und lässt sich tief auf die Brust blicken, wo unter all den wirren, teils mit dunkelblauer Tinte aufgemalten Tätowierungen sein Herz heftig pumpt. Als Kuttel Daddeldu hat Ringelnatz alles gesehen, alles erlebt, alle Ozeane befahren. Und bleibt doch ein »uralt Kind«.

Joachim Ringelnatz hat den Hans Bötticher längst abgelegt wie einen alten Mantel, der nicht mehr gut ist. Der Dichter friert und hungert in der Millionenstadt. Siegelring und Uhr trägt er ins Leihhaus, das Scheitern haftet an ihm wie ein schwerer Magnet. Immerhin gehört hier in Berlin der fragile Zustand der mit sich ringenden Existenzen zum Standard und er lässt sich im Kreis seiner Berliner Bekannten und Freunde wie Richard Huelsenbeck, Raoul Hausmann, Walter Mehring oder George Grosz zum Ideal erklären.

Untergekommen ist Ringelnatz auf Vermittlung des stadtbekannten Innenarchitekten Alfred Dunsky in einem Hinterzimmerchen der kleinen Wohnung eines bei Dunsky angestellten Tapezierers, bei der Familie Oertner. Hinter Frau Oertners Nähstube, hinter dem Rascheln der papiernen Schnittmuster, wo die Schneidermädchen in ihrem geheimen Rhythmus die Nähmaschinen treten, wo sie leise von Säumen, Rüschen und Schweißblättern sprechen und auch das Liebesleben nicht zu kurz kommt, ist gerade Platz für die schmale Schlafstatt von Ringelnatz. Seine Wege führen ihn allzu oft in die Kaschemmen der Spandauer Vorstadt gleich hinter dem Alexanderplatz, als suche er in den schmutzigen Spielzeugschachteln der niedrigen Häuschen unter den ewig

Heimatlosen aus dem Osten, unter Schiebern, Krämern und Zuhältern, nach seinesgleichen.

Die Winternächte dehnen sich weit in das endlose Grau der Tage. Stellung suchen, ein Auskommen haben, ein Bett bezahlen, einen Tisch, auf dem das Essen steht – anstelle dessen endlos drückende Gedankenschleifen des Wartens, warten auf den letzten Kriegssold, warten auf ausstehende Honorare für Gedichte und Aufsätze. Seine Dramen *Die Bolschewisten. Kein ernstes Stück, Fäkalie* oder der *Flieger* finden keinen Absatz. Niemand will sie bringen.

Die Geldscheine mit den immer imposanteren Nullen rinnen Ringelnatz wie flüssiges Nichts durch die Finger. In der Münzstraße, der Mulackstraße, der Almstadtstraße drängen sich die Überlebenden unter den endgültig Verlorenen umeinander. Der mit dem vorgeschnallten schäbigen Bauchladen ordnet mit zittrigen Fingern die Groschen, die sich die Armen gegenseitig aus wissendem Mitgefühl schenken. Sie harren aus und warten auf bessere Zeiten, die nie kommen werden, die Kinder mit den alten Gesichtern, erfahren in grausamen Lebensweisheiten, fügsam gemacht mit Selbstgebranntem, die Frauen, die für eine warme Mahlzeit zu haben sind.

Nach der Bedrängnis an Bord im Soldatenleben ist der Marineoffizier a. D. ausgehungert nach dem Fleisch, der Nacktheit, der Nacht, nach Erlebnissen, nach Sensation – und bleibt seltsam müde, desillusioniert, mit der nicht totzukriegenden Sehnsucht nach Idylle und nach einem Frauenmund, der ihm wirklich gehört.

In der Enge der Oertner'schen Behausung, im Geruch nach Küche und Kanalisation, schreibt Ringel seine

*Joachim Ringelnatz, alias Hans Bötticher, Marineoffizier a. D.,
Maler, Dichter und Bänkelsänger*

nächtlichen Eindrücke nieder, wiederum ohne Aussicht auf einen interessierten Verlag. Es entsteht die erste Fassung von ... *liner Roma* ..., einem romanhaften, wüsten Szenario zwischen Matrosen, Kriegsopfern, Kriminellen, Künstlern, Huren und Hausierern, das ohne Anfang und Ende bleibt und dem alles verschlingenden Moloch der Großstadt gewidmet ist. Er illustriert seinen kurzen Roman mit Tuschezeichnungen, Bilder wie flüchtende Gedanken, albtraumartige Erinnerungen und hoffnungslose Seufzer: Alltagsschnipsel aus feuchten Wohnküchen, Normalität auf den ersten Blick, auf den zweiten baumelt im Türrahmen ein Erhängter. Er malt Straßenschluchten aus der Vogelperspektive, den letzten Eindruck im Augenblinzeln kurz nach dem Sprung aus dem Fenster.

Voller Unrast pendelt Ringelnatz Anfang der 1920er-Jahre zwischen Berlin und München, Welten liegen dazwischen, die bayerische Hauptstadt erscheint als ein allzu kleines Dorf. Berlin dagegen, »da fährt die Hochbahn in ein Haus hinein / Und auf der andern Seite wieder raus. / Und blind und düster stemmt sich Haus an Haus. / Einmal – nicht lange – müsstest du hier sein.« Berlin ist ihm Benzinluft, Morphium, Überfall, Begaunern, Asphaltkultur, Sittenverfall. Berlin ist Schmelztiegel aller Gelehrsamkeit, der Künste, der Industrie und des Handels. Berlin ist jetzt eine große Kosmopolitin mit mehr jüdischem und slawischem Anstrich denn einem preußischen. Und der Kurfürstendamm ist zur Nacht so hell erleuchtet wie der Broadway. Riesige Lichtschnörkel preisen die hunderttausend Überflüssigkeiten der Zivilisation an vom Auto bis zum Parfum, vom Mundwasser bis zur Herrensocke. Elida, Frigidaire und Odol machen sich unentbehrlich. Berlin ist elektrisch geladen, in der Hauptstadt der Lebens- und Berufserfinder fühlt Ringelnatz sich willkommen. Am 3. Dezember 1922 schreibt er an seine Frau Leonharda, genannt Muschelkalk, in München: »Nachts und bis heute Morgen 8 Uhr war ich zu einem Riesenmaskenball. Es war herrlich. Tausende Menschen kannten mich u. eine Bildhauerin (die für Flechtheim schöne Bronzen macht) schenkte mir Sekt u. Geschenke, denn ich hatte keine Jacke, also kein Geld mit. // Anbei noch ein blaues Scheinchen. Hoffentlich wiegt der Brief nicht über. // Weihnachten müsstest Du mir Rasierseife mitbringen.«

Still liegt die gemeinsame Wohnung des Ehepaares Sintenis/Weiß nach der durchfeierten Galerienacht in der Magdeburger Straße 34 nahe dem Tiergartenpark. Die Häuser säumen mit ihren gepflegten Vorgärten die kleine Straße, die auf den begrünten Magdeburger Platz führt.

Das kleine Salonzimmer der Sintenis – es dient ihr auch als Atelier – erinnert an ein Jugendzimmer, an den Ort der Sehnsucht der letzten Kinderjahre, ein eigenes Zimmer mit abschließbarer Tür und abschließbaren Schränken zwecks Ausschluss aller anderen. Zwei Treppen aufwärts der Weiß'schen Etage liegt es, mit eigener Tür und eigenem Schlüssel, abseits der Welt ihres Mannes. Kichernd lässt sie den Schlüssel ins Schloss tasten, ertappt vom Lenchen auf ihrem morgendlichen Gang, der Haushaltshilfe Magdalena Goldmann, die seit 1920 mit in der Weiß'schen Etage lebt. Im Schlepptau hat die Sintenis neben Christa Winsloe Hans Siemsen, der den schwankenden Old Sailor Kuttel Daddeldu alias

Ringelnatz am Schlafittchen hält. In ihrem mit wertvollen Kelims ausgelegten Salon zieht Renée das auf einem kleinen Mahagonitischchen stehende Grammofon auf. Die Stimme der pummeligen rothaarigen Chansonniere Claire Waldoff aus Gelsenkirchen ertönt im stakkatoartigen Sprechgesang, den Marlene Dietrich nachahmen wird: »Hannelore trägt ein Smokingkleid / Und einen Bindenschlips. / Trägt ein Monokel jederzeit / Am Band von Seidenrips. / Sie boxt, sie foxt, sie golft, sie steppt, / Und unter uns gesagt, sie neppt! / Besonders so im Mai. / Es hat mir einer anvertraut: / Sie hat'n Bräutjam und 'ne Braut. / Doch dies bloß nebenbei – / Doch dies bloß nebenbei – / Hannelore! Hannelore! / Schönstes Kind vom Hall'schen Tore! / Süßes, reizendes Geschöpfchen / Mit dem schönsten Bubiköpfchen! / Keiner unterscheiden kann, / Ob du'n Weib bist oder 'n Mann!«

Ab und an rumpelt ein Automobil über das Kopfsteinpflaster, die helle Glocke der St.-Matthäus-Kirche schlägt mahnend die späte Vormittagsstunde an. Vorsichtig schieben die Kindermädchen die ihnen anvertraute Fracht ihrer Herrschaften auf hochrädrigen weißen Wägelchen in Richtung der schützenden Bäume des Tiergartenparks. Während draußen die Stadt murmelnd und geschäftig brummt, schlafen die vier, einer den anderen haltend, damit er nicht verloren geht, und das Quietschen der Elektrischen dringt in ihre Träume.

Das Findelkind

Das Diktat der neuen Mode regiert. Der Herr verliert nach dem Übergang vom Voll- zum Backenbart nun auch noch den Schnurrbart. Die Neue Sachlichkeit hält Einzug, man treibt Sport und will den Körper formen. Ideal ist die Garçonne, definiert als ein Mädchen, das aussieht wie ein junger Mann, der aussieht wie ein Mädchen, das aussieht wie: Renée Sintenis.

Jeden Morgen unternimmt sie im Herrensitz auf dem eigenen Pferd ihren Ritt durch den taufeuchten Tiergarten, vorbei an der Büste der Königin Luise, vorbei an der Meute der oft weniger sattelfesten Bankdirektoren. Ihren Bubikopf, zunächst noch in brav kinnlanger Pagenform, trägt sie bald am Hinterkopf kürzer geschnitten, ähnlich dem amerikanischen Herrenhaarschnitt. »Prachthemden, Hemdenpracht«, wirbt ein Herrenkonfektionär nahe dem Hausvogteiplatz. Hier kauft Renée Sintenis, immer in Begleitung ihres Terriers Fidibus, Hosen und Sakkos, die zu ihrer Größe passen – Prachtkrawatten, Prachthemden.

Ringelnatz spielt indes das gefährliche Spiel des immer Heimatlosen, Rastlosen und singt seine Verse wie ein Kind, das sich im dunklen Wald fürchtet. Wehe ihm, wenn er tatsächlich irgendwo ankommen würde! Sein kunterbuntes Kartenhaus, sein Fantasiegespinst vom Künstlerleben, es wäre dahin. Renée Sintenis glaubt sich durch Ringelnatz erinnert an ihre eigenen Jugendjahre, an die Jahre der Sinnlosigkeit, an das übermächtige Gefühl des Scheiterns trotz aller Chancen. Sie kennt es nur zu gut, dieses Schweben im luftleeren Raum, haltlos und gleichzeitig überbordend, angefüllt mit dem Mut der Verzweiflung. Wäre Weiß nicht gewesen, sein Freundeskreis, die festen Termine, die Fürsprache, hätte sie ihren Weg gefunden? Zudem hat sie in Alfred Flechtheim einen Galeristen, der weiß, wie man einen Star präsentiert.

Dass Ringelnatz der Wirklichkeit wie auch den Anforderungen des Alltags entfliehen kann, verdankt er wiederum den ihm nahen Frauen. Verletzlich und beschützenswert bleibt der zwergenhaft gewachsene Dichter, der Bücher für große wie für kleine Kinder schreibt, so willfährig legt er immer wieder sein Schicksal in die Hände der Frauenfreundinnen. In der letzten Strophe des Hochzeitsgedichtes an seine Frau, inspiriert von einer Mädchenbekanntschaft, einem »Abenteuer mit dem geschminkten, nach Himbeeren duftenden Girl« schreit er um Rettung: »Ich habe auch kein richtiges Herz. / Ich bin nur ein kleiner, unanständiger Schalk. / Mein richtiges Herz. Das ist anderswärts, irgendwo / Im Muschelkalk.«

Immer wieder gibt er auf der Suche nach Geborgenheit und Fürsorge jegliche Verantwortung ab. »Und bete laut. Und bin ein uralt Kind«, sann er 1920 in *Kuttel Daddeldu oder das schlüpfrige Leid*. Anfang der 1920er-Jahre sorgt

*Die ideale Garçonne – Renée Sintenis nach dem Reitausflug
mit ihrem Terrier Fidibus und Magdalena Goldmann
auf dem Ku'damm*

Renée Sintenis tatkräftig für den lebenslang Unsicheren, der auf der Bühne mit schlafwandlerischer Lässigkeit den torkelnden Poetendichter gibt. Immer wieder erwähnt Ringelnatz sie in den Alltagsbriefen an Muschelkalk. Er badet bei ihr, er ist bei ihr zu Hause.

Die Nacht lockt. Der Damenklub Sappho wirbt als »Großer Betrieb mit Jazzmusik« in der Kreuzberger Kommandantenstraße 72 und Anzeigen in den Tageszeitungen fragen die Kundinnen: »Wohin gehen wir heute? Dorthin, wo wir uns nicht langweilen! Also: ... Domino-Bar (Eldorado der Damen), Marburger Str. 13«. Frauen, scheinbar ohne Alter, mit ausgezupften und hoch auf die Stirn gezeichneten Augenbrauen, im Smoking; Jungs in Sportjacken, ob Mann, ob Frau, man nimmt es nicht so genau, jeder schläft mit jedem und jede mit jeder, das Wörtchen Treue kennen die Nimmersatten nicht. Ob in die Zauberflöte, in die Geisha-Bar in der Augsburger Straße, den Dorian Gray in der Bülowstraße, in die Monokelbar oder die von Künstlerinnen bevorzugten Clubs Mali oder Igel – Ringel und Renée, er nennt sie »meine Indianerschöne«, ziehen durch Berlin wie durch einen großen Abenteuerpark. Sie trägt Zweireiher, er wuselt im Rock und lernt die angesagten Tänze, solche »nur für die Muttis und solche nur für die Bubis«.

Sicher steuert Renée ihren Ringel durch das Gedränge der Straßen zu den Tanzpfaden in die Keller und Hinterhöfe. Wenn sie beim Schlittschuhtanz einander kurz und trocken in die Hände klatschen, der kleine Kauz und die Riesin, die Zigaretten lässig von der Lippe hängend, drehen sich die Köpfe nach ihnen. Doch das kümmert sie nicht. Wer führt, ist nicht wichtig im Schummerlicht der wechselnd bunten Ampeln. Alles dreht sich, das Tempo der Beine ist das Tempo Berlins.

Wieder dämmert ein neuer Tag herauf, mit unaufhaltsamer Geschäftigkeit. Nie ist es genug, nie die Nacht lang genug. In der Queen Bar am Kurfürstendamm schmeicheln die Wände blassgrün und rosenrot gleich einer Bonbonniere den nächtlich gezeichneten Gesichtern, noch kurz vor der morgendlichen Öffnung der Läden treffen immer mehr Gäste ein und das winzige Tanzoval wird schmal wie ein Dominostein. Heiß ist die Luft und undurchsichtig von Zigarettenrauch. Die Musik spielt die uralten Schlager, *All alone, Sweet Creola* und *Lady be good*. Die Klänge haben den Zauber des Vergänglichen, voll Sanftheit, voll süßer Sentimentalität streicheln sie die gelöste Whisky-Soda-Atmosphäre. Behutsam stellen sich die Melodien zwischen die langsam Tanzenden und den unausweichlichen Lendemain.

Alfred Flechtheim

»Es ist was Wahnsinniges mit der Kunst. Eine Leidenschaft stärker als Spiel und Alkohol u. Weiber. Mich hat
sie gepackt, die Kunst«, notierte der Verleger, Sammler
und Kunsthändler Alfred Flechtheim im Sommer 1913
in sein Tagebuch, als er sich entschloss, in Düsseldorf
eine Galerie für moderne Kunst zu eröffnen. Zwölf Jahre später verzeichnet sein Briefkopf neben der vornehmen Königsallee 34 die nicht minder eleganten Adressen
Lützowufer 13 in Berlin, Schillerstraße 15 in Frankfurt,
Schildergasse 69/73 in Köln und Weihburggasse 9 in
Wien. »Ich spekuliere in rarer Kunst, denn ich glaube an
sie. Erleben werde ich wohl nicht, dass ich Recht hatte.
Aber die Zeit, die ich noch lebe u. die ich lebte, war für
sie.« 1913 etwa ersteht er bei Herwarth Walden in Berlin
das großformatige Werk *La Noce* von Fernand Léger von
1911/12, das sperrige Bild geleitet ihn durch sein gesamtes
Galeristenleben, bis ins Exil über Zürich und Paris nach
London. Alfred Flechtheim umgibt sich mit seinen Bildern und Plastiken wie mit einer großen, sehr lieb gewon-
nenen Familie: Immer ist er am Puls der Zeit, immer mit
dem Herzen engagiert. Wer bei ihm reüssieren kann, hat
den Damm gebrochen aus einsamer Reflexion zu interna-
tionaler Bedeutung.

Der junge Alfred Flechtheim, Sohn eines vermögenden

*Immer am Puls der Zeit – der Galerist Alfred Flechtheim
im Kreise seiner »Familie«*

jüdischen Getreidehändlers aus Münster in Westfalen, verweigerte sich zunächst den Ansprüchen seiner Familie, die Geschäfte des Vaters weiterzuführen. Die Firma M. Flechtheim galt bis Kriegsbeginn als eines der größten Getreidehandelshäuser Deutschlands. Der Vater hatte die Getreidebörsen in Dortmund, Duisburg und Essen gegründet, war Inhaber der Rheinischen und Westfälischen Speditionsgesellschaft in Duisburg und Rotterdam, zudem gehörten ihm Mühlen und Brauereien. Alfred erhielt auf einem Internat bei Genf eine grundlegende kaufmännische Ausbildung – und spricht französisch wie ein Muttersprachler.

Der 1878 als zweiter Sohn Geborene, seit 1902 eingesetzt als Teilhaber des väterlichen Geschäfts, ist ein leidenschaftlicher Liebhaber der Malerei, ein Besessener, der zum Entsetzen der Familie auf der Hochzeitsreise nach Paris 1910 ein Gros der Mitgift seiner hochvermögenden Ehefrau Bertha Goldschmidt, genannt Betti, in französische Kunst umsetzt. Sein Freund George Grosz konstatierte: »Zum Schreck seiner Schwiegereltern kam er ohne einen Pfennig heim. Dafür brachte er einen Haufen unverständlicher kubistischer Bilder mit, die außerdem noch schön und wertvoll sein sollten.« Alfred Flechtheim kaufte Manet, Monet, Van Gogh, Picasso, Braque, Derain, kurz, die junge französische Avantgarde. Bei seiner Rückkehr bestand sein Schwiegervater auf Gütertrennung. Vier Jahre zuvor war Flechtheim erstmals als Leihgeber bei der *Ausstellung aus Düsseldorfer Privatbesitz* als Kunstsammler an die Öffentlichkeit getreten. Die Arbeiten seines Freundes Pablo Picasso werden Flechtheim zur Offenbarung, innerhalb weniger Jahre bringt er es zur umfangreichsten Picasso-Sammlung innerhalb Deutschlands. Der Getreidehändler widmet sich voll und ganz seinem Doppelleben als Sammler, Förderer und Galerist, in der rheinischen Kunstszene brilliert er mit der ersten Vorstellung der Kubisten. Flechtheim präsentiert Neues, Unerwartetes – und schlittert nach riskanten Geschäften in Sachen Erz- und Kohlebergwerke am Konkurs vorbei, der Traum vom Kunstsammler und Galeristen scheint zu zerplatzen. Doch Bettis Bürgschaft rettet ihn: »Betti mit Kunsthandelsidee einverstanden!«, notiert er am 12. Juli 1913. Im Herbst 1913 ist die »Galerie Alfred Flechtheim« geboren. Die Ehe mit Betti bleibt kinderlos. Seine langjährige Freundin, die Benn-Geliebte, Society-Lady, Industriellenerbin und Schriftstellerin Thea Sternheim, notierte in ihr Tagebuch: »Alfred ... ist unzertrennlich von dem jungen pausbackigen Hartwig, den er im Gesang ausbilden lässt. Seltsamerweise macht mir die homoerotische Einstellung, die überall Augenzwinkern, Kopfschütteln, bei Manchen Empörung auslöst, Flechtheim besonders sympathisch. Wie mühelos kann man mit einem Mann Freundschaft halten, dessen Sexualität abgelenkt ist.«

Im Ersten Weltkrieg musste Flechtheim die Galerie kriegsbedingt schließen und ihren Bestand durch den mit ihm befreundeten Paul Cassirer in Berlin versteigern lassen, nicht aber seine Privatsammlung. Ostersonntag 1919 eröffnet er neu in Düsseldorf mit bester Adresse im ersten Stock eines angesehenen Privatbankhauses, mit den in Deutschland noch so gut wie unbekannten Pariser Künstlern Braque, Picasso und Juan Gris. Der Bankenerbe Gustav Kahnweiler, zusammen mit seinem

Bruder Daniel-Henry einer der wichtigsten Förderer Flechtheims und zeitweise Kompagnon der Düsseldorfer Dependance, über Alfred Flechtheim: »Flechtheim war ein außergewöhnlicher Mensch. Physically war er abgrundtief hässlich und sehr stolz darauf. Er hatte einen hochinteressanten Kopf, der viele Künstler dazu bewogen hat, Skulpturen oder Bilder von ihm zu machen. Er war ein Mensch, der einen großen sense of humour hatte, aber kein großes Interesse am Geldverdienen, sondern hauptsächlich Liebe zur Kunst und Liebe zu Künstlern und Freunden, der also eigentlich kein Geschäftsmann war. … Er hatte hauptsächlich Spaß daran, wenn die Leute sagten: Wer ist der Mann? Er sah so markant aus und hatte einen unerhörten Witz, Ironie und eine unerhörte Fantasie – man kann es auch lügen nennen – aber nicht, um Geld zu verdienen, sondern um interessante Geschichten zu erzählen. Ich sagte einmal zu ihm: ›Aber Alfred, das ist doch nicht wahr.‹ Seine Antwort darauf war: ›Aber so schön.‹«

Nachdem Renée Sintenis vor dem Wechsel zu Flechtheim ihre letzte Ausstellung bei Gurlitt in Berlin beschloss und der Kritiker Karl Scheffler ihre Arbeiten mit den Worten kommentierte: »Es ist hübsch, wenn Frauen so viel können und so wenig Wesens davon machen. Seinen Platz zu kennen und nicht mit missgeschaffenem Ehrgeiz darüber hinauszustreben: Auch das ist Sittlichkeit«, stellt sie 1920 erstmals bei Alfred Flechtheim in Düsseldorf aus. Vom 10. April bis zum 1. Mai sind Werke von Otto von Waetjen, Paul Goesch und Renée Sintenis in der dortigen Galerie zu sehen – ein weiterer Durchbruch in den internationalen Markt für die damals Zweiunddreißigjährige. In Düsseldorf zeigt die Sintenis neben einem kleinen Einblick in ihr Tierreich ihre *Badende* von 1917. Mit dem Wechsel zu Flechtheim beginnen männliche Sportlerfiguren die weiblichen Akte der Sintenis abzulösen, Flechtheim liebt junge, schöne Männer. Seine Helden findet er in den opulenten Revuen der Hauptstadt und im Boxring. Alfred Flechtheim übernimmt die geschäftliche Vertretung von Renée Sintenis und ihrem Mann. Seinem französischen Partner und Finanzier Daniel-Henry Kahnweiler empfiehlt er die Arbeiten der Sintenis: »Die Dinger sind ganz entzückend und der Name der Künstlerin absolut undeutsch.«

Kopfgeburten für 1,5 Millionen Mark

Ringelnatz bringt die Aquarelle zu ... *liner Roma* ... mit in die Sintenis/Weiß'sche Wohnung, noch immer ist sein Roman ohne Verlag. Renée, Hans Siemsen und Emil Rudolf Weiß sind erschüttert, das Elend der sogenannten kleinen Leute liegt mit einem Mal wie eine Anklage vor ihnen – denn mit seinem neuen Roman vertieft Ringelnatz die brutalen Erlebnisse der gescheiterten Revolution: »Welche Zeit! Dieses Berlin! ... Täglich Einbrüche, Mord und Totschlag! ... Aber gar erst damals, als die Menschen gegen Menschen rasten und so viel Unschuldige getötet wurden ... während der ganzen grauenhaften Kämpfe.« Renée Sintenis vermittelt Ringelnatz an ihren Galeristen Alfred Flechtheim, der die Bilder des Dichters in einer Verkaufsausstellung zeigen will. Wieder kann die Galerie mit einer Neuigkeit auftrumpfen: ein dichtender Maler! Ein malender Dichter!

Kindlich und grausam wirken die Bilderwelten des Joachim Ringelnatz, absurd und dennoch voller Realitätsschrecken. Seine Werke scheinen wie mit schneller Hand hingeworfen, als müsste er als Prophet des Angstzeitalters die Psyche seiner Epoche auf die Leinwand bannen. Chronist von Rausch und Verrohung, setzt er, ganz einsam und für sich, in raschen Schnittfolgen Horrorszenarien zusammen, Alltagssituationen gewinnen ein

»Die Versteigerung beginnt! Kaufen Sie jetzt,
solange Sie noch Geld haben!«
Joachim Ringelnatz in den 1920er-Jahren

rätselhaftes Eigenleben in märchenhafter Substanz. Der Maler und der Dichter kämpfen mit den Farben und den Buchstaben in einer Arena ambivalenter Gefühle, zwischen Ekstase und Absturz. Wort, Schrift und Bild gehören für Ringelnatz untrennbar zusammen.

Am 16. April 1923 wendet sich Ringelnatz an Muschelkalk: »Ich habe ... mich auf die Zeichnerei u. Aquarellmalerei geworfen und in 4 Tagen circa 40 Bilder bezw. Skizzen angefertigt. Am Montag, abends ½7 Uhr findet bei Flechtheim eine Ausstellung meiner Bilder statt (und Verkauf an geladene Leute) u. gleichzeitig trage ich dort Gedichte vor. Renée und Kikliatastro (Chicchio) Haller [Ausdruckstänzerin, zweite Frau des Schweizer Bildhauers Hermann Haller] laden dazu ein. Flechtheim arrangiert alles und bekommt seine Provision. – Ich freue mich schrecklich darauf. Die Bilder haben sehr guten Eindruck gemacht. Es war eine gute Idee von mir.«

Flechtheim wagt mit dem Auftreten von Ringelnatz und der erstmaligen öffentlichen Präsentation seiner Bilder den Schritt weg vom Gewohnten hin zum unvorhersehbaren Happening.

Am 23. April 1923, einem Montagabend, an dem der Frühlingsregen an die Scheiben trommelt, sammelt sich das geistige und künstlerische Berlin in der Galerie Flechtheim. Alle kommen sie zur Soiree: die Maler, die Bildhauer, die Zeitungsschreiber, die einflussreichen Kunstkritiker, Damen der besten Gesellschaft, Kunstsammlerinnen mit großem Portemonnaie und zumeist jüdischem Erbe. Lotte Fürstenberg, die eine beachtliche Sammlung moderner Kunst besitzt, Leonie Katzenellenbogen, die in dritter Ehe vermählte Baronin

Goldschmidt Rothschild, geborene von Friedländer-Fuld, geben sich interessiert. Ständig zeigen die grifflosen Türen im Windfang die Bewegung der Kommenden an, es riecht nach Geld, die Frauen sind nicht mehr jung, sie tragen Bubiköpfe, edle Abendkleider ohne Taillierung von Otto Haas-Heye, dem Berliner Star-Couturier mit seinem Modehaus Alfred-Marie in der Wilhelmstraße 69, und präsentieren ihre Beine mit gesellschaftlichem Anstand. Den Männern zeichnet der blasiert-bleiche Zug der geschäftlichen Verantwortung Würde ins Gesicht. Renée Sintenis überragt das Geschehen, lächelnd erscheint sie mit einer glänzenden langen Feder im kurzen Haar.

Da ist die Ringelnatz'sche *Riesendame der Oktoberwiese*, da zocken die *Männer am Spieltisch*, der *Messermord* kündet von Gemeinheit und Niedertracht in dunkel-feuchter Unterkunft und *Mann und Frau am Fenster* lassen ihre unermessliche Einsamkeit in kaltem Nebeneinander ahnen. Aquarelle wie *Ruhe im Park*, *Großstädtischer Platz*, *Kerl* oder *Fischmenschen* zeigen, teils unterstützt von Bleistiftzeichnungen, die Gesichter des unerbittlichen Großstadtkosmos in all seiner Verkommenheit. Man nippt am Glas, als plötzlich der klein gewachsene Ringelnatz antritt. Ein Glöckchen und einen Spielzeughammer führt er mit sich: »Die Versteigerung beginnt! Kaufen Sie jetzt, solange Sie noch Geld haben!«

So etwas gab es noch nie in der Galerie Flechtheim, über Vermögen oder Verluste schweigt man. Eine schnelle, glitzernde Atmosphäre von Jahrmarkt stellt sich ein, Unbeschwertheit tritt an die Stelle des Zauderns, jetzt, hier und sofort! Kaufen! »Einmalig! Letzte Chance! Nur für Sie!«, tönt Ringelnatz von einem Trittbrettchen. »Für Ihre Lieben, bevor es zu Bockbier und Würstchen geht!«

Ringelnatz schreibt danach an Muschelkalk: »Es war ungeheuer aufregend. ... Aber schön war's, nur meine Nerven wurden arg mitgenommen. Das Resultat ist von ca. 58 Bildern (oder Zeichnungen) sind 35 versteigert, einige andere von mir verschenkt u. die anderen übrig gebliebenen hängen jetzt in der Galerie. Ich habe an den Versteigerten verdient, (nach allen Abzügen für Flechtheim) 1,5 Millionen Mark. Was sagst Du nun zu mir u. zu Gott? Nachts schlief ich bei Renée und badete auch morgens bei ihr, ging dann zu Dunskys u. finde daheim leider wieder kein Briefchen von Dir. ... Renée, die nach wie vor engelsgut zu mir ist, hat mir heute aufgetragen, Dich sehr zu grüßen, wenn ich Dir von gestern berichtete. – Frau Oertner war über das Flechtheim-Resultat auch ganz gerührt u. sagte immer wieder: ›Wie wird sich Muschelkalk freuen.‹ Verzeih, wenn ich so viel von diesem Flechtheim rede. Ich schloss den 1. Teil des Vortrags mit dem Gedicht: ›Mein richtiges Herz, das ist anderwärts.‹«

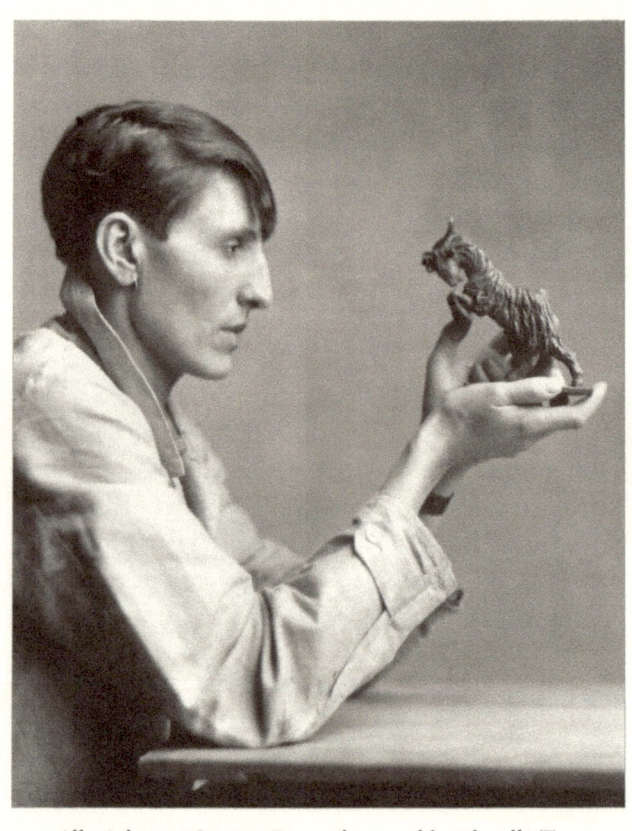

»Alle Achtung! So eine Frau gibt es wohl nicht alle Tage.«
Hans Siemsen über Renée Sintenis, hier mit ihrem
»Springenden Bock«, 1927

Die Sitzung

Renée Sintenis begreift ihr Schaffen als so wenig akademisch wie möglich. Am liebsten arbeitet sie zu Hause in ihrem kleinen Salon mit den gelb strahlenden Wänden und den vielen Porträtbildchen von Weiß. Hier entstehen ihre kleinformatigen Tierplastiken, zumeist aus der Erinnerung: »Ich mag draußen nicht arbeiten, es zerstreut und verwirrt mich. Auf Berlinerisch würde ich sagen: Det macht mich janz besoffen.«

Die Freundin Hanna Kiel, ebenfalls Bildhauerin, beschreibt die Arbeitsweise der Sintenis so: »Mit einem Spiritusflämmchen erhitzt sie ihre Spachtel, die dem Wachs seine Konturen geben. Das Drahtgestell wird zurechtgebogen, und dann fangen die Finger an zu modellieren, eine Stunde, mehrere Stunden. Sie trägt das Brettchen mit sich herum, hat es neben sich auf dem Teetisch, die Hand hält die Tasse, aber die Augen schauen schon wieder auf das Wesen neben sich, das da im Entstehen ist. Die Finger greifen schon wieder zum Modelliereisen, auch während der Mahlzeiten, auch wenn es dunkel wird draußen und die Lampe über dem Tische brennt. So geht es bis zum Einschlafen und weiter am nächsten Tag, bis der letzte Griff getan ist, der letzte Daumendruck gepresst, und nun rasch ein Papier um das Ganze geschlagen und gleich zum Gießer damit, zitternden Herzens, es könnte etwas verbiegen oder brechen. Dann erst kommt die Entspannung, die Erschöpfung, die Leere, der Abgrund der Verzweiflung, die Enttäuschung bis zu Tränen. Es ist nicht gelungen. Es hat keine Form, keinen Ausdruck. Nichts ist gestaltet. Das Nächste muss ganz anders werden. – Das Nächste? – Wird es denn ein Nächstes geben? – Wird überhaupt noch einmal etwas entstehen? Ist dies nicht vielleicht das Letzte gewesen? Die letzte Arbeit und misslungen und unvollkommen dazu? Langsam erst, wenn der Guss da ist, kommt die Freude am Erreichten, die Sicherheit, die Gewissheit, etwas ist geschaffen – bis zur nächsten Geburt.«

In ihrer Arbeitsecke, zwischen konzentriertem Blick und dem Kneten der Hände, scheint die Zeit den Atem anzuhalten. Wenn die Sintenis formt, wird sie noch schweigsamer.

Sie fertigt Auftragsporträts wie das des Grafen Salm, des Modezars und Kunstprofessors Otto Haas-Heye, lebensgroß in Silber gegossen, des Bankiers Hugo von Oppenheim, Lotte von Mendelssohn-Bartholdy, Vita von Simson. Zugleich hält sie die Menschen aus ihrer Umgebung fest: Da sind der unbeschwert-lustige Kopf von Hans Siemsen, der feinnervige Emil Rudolf Weiß, die Schriftsteller Ernst Toller und Moritz Heimann und auch ihr Lenchen, Magdalena Goldmann, das Hausmädchen, das sie auf ihren Reitausflügen begleitet und mit dem sie das Grab teilen wird.

Renée porträtiert 1923 auch ihren Ringelnatz, sie ahnt, dass die Freundschaft mit dem reisenden Artisten nicht von Dauer sein kann. Das Stillsitzen fällt dem Dichter schwer, weiter und weiter muss er, fort und fort.

»Wann sieht ein Walfisch wohl je / Ein Reh? / Ach du! Renée! / Und führen wir zusammen zur See / Wir landeten bei den Wilden. – / Sag: Ist es nicht schöner, in Schnee / Als in Erde zu bilden? / Und sei auch kein Fuß an dem Sinn; / Es schwebten auf tanzender Melodie / Zwei Federn einer Indianerin / Fort, fort in die weite Prärie. /

Ade Renée! / Wie dunkelschön war unser Dach, / Als leise wir vier / Zusammenrückten vor Blitz und Krach. – / Ich streichele euch guten Tiere, / Nun ich geh. / Mir ist so dienstmädchen-donnerstags-weh, / Weil ich nun weiterfahre.

Und ich war hundert Jahre / Mit dir zusammen, Renée.«

»Lieber Ringelnatz! Ich wünschte, ich könnte Dir auch ein so schönes Gedicht machen, aber ich kann es nicht. – Aber ich brauche es auch nicht, glaub ich, Du weißt schon Bescheid. Bleib immer der liebste Freund von Deiner Renée Sintenis«, schreibt die Fünfunddreißigjährige im August 1923 an den vierzigjährigen Joachim Ringelnatz.

Ringelnatz ist überzeugt, dass sein Gesicht sein Schicksal bestimmt: »Hätte ich ein anderes Gesicht, wäre mein Leben anders, jedenfalls ruhiger verlaufen.« In seinem Romanfragment *Ihr fremden Kinder* heißt es: »Ich weiß, dass ich hässlich bin. Meine Beine sind krumm. Ich habe ein schiefes, vorstehendes Kinn. In mancher Gesellschaft scherze ich selbst über meine Fehler. Wenn meine Bekannten darüber spaßen, lache ich. In beiden Fällen bin ich unaufrichtig, denn es schmerzt mich innerlich.«

Die Büste des Dichters wird Alfred Flechtheim

»Lieber Ringelnatz! Ich wünschte, ich könnte Dir auch
ein so schönes Gedicht machen …«
Die Künstlerin mit ihrer Ringelnatz-Büste

zusammen mit einem Selbstbildnis der Künstlerin und einigen ihrer Tierbronzen an die Wiener Staatsgalerie verkaufen, ein zweites Exemplar aus Stein bleibt bei Ringelnatz.

Mit Renée taucht er ein in seine Kinderjahre in Leipzig, als er sein erstes Tattoo von einer Samoanerin während der Völkerschau im Zoo gestochen bekam; er erzählt von den Hänseleien der Mitschüler, von den Lehrern, den Dunkelmenschen, vom Aufwachsen am Ufer der alten Elster. Der Vater Georg Bötticher korrespondierte als Jugendbuchschriftsteller mit Theodor Fontane, Detlev von Liliencron, Adolph Menzel, Conrad Ferdinand Meyer und anderen des bürgerlichen Bildungskanons. Im Atelier des Tapeten-Musterzeichners Bötticher darf Hans die entworfenen Ornamente mit Stecknadeln fixieren. Am liebsten aber ahmt er den Vater nach. Dann spielt er: dichten. Im Alter von zwölf Jahren erhält er sein erstes Honorar für *Änne Häringsgeschichte* in sächsischem Dialektkauderwelsch, gedruckt 1896 in *Meggendorfer's humoristischen Blättern*. Der Glaube an die bessere Welt der Worte, der Dichtertraum, als Gespenst in den eigenen Spukschlössern für immer durch die Aneinanderreihung der schwarzen Buchstaben alle und alles zu überleben, durchzieht das Leben von Joachim Ringelnatz. »Mutter riet mir ernstlich ein Handwerk zu ergreifen, etwa Schuster zu werden. Aber ich wollte doch ein Dichter werden. Das war mein glühender Wunsch.«

Doch es ist ein weiter Weg, Ringelnatz kämpft. Als Vortragskünstler belächelt, als Maler geduldet wie ein obskures Tier, von dem man nicht weiß, wie man es eigentlich halten und füttern soll. Die wenigsten nehmen ihn ernst wie die Freunde Renée Sintenis und Hans Siemsen, erkennen sein Talent und seinen Willen zum Ausdruck. Doch allmählich beginnt sich der Wind zu drehen und erste Erfolge zeichnen sich ab.

Als wäre er endlich angekommen und die Maske des Clowns losgeworden, berichtet Ringelnatz im April 1927 in Stakkatosätzen, aus denen Erleichterung klingt, an Muschelkalk: »Am 9. beginnt die Ausstellung bei Wiltschek. Die Akademie hat drei Bilder angenommen. Im Radio spreche ich am 29. Viel Küsschen. In Eile«. Auf einer Postkarte an seine Frau vermerkt er: »Die Akademie hat genommen: 1. Nach d. Seeschlacht, 2. Zwei schwere Wolken, 3. Elefant im Sturm. ... Renée u. Siemsen lieb u. zuverlässig wie immer. Etwas nervös bin ich.«

Weiter schreibt Ringelnatz nach München von Bilderverkäufen an die von ihm hoch verehrte Stummfilmdiva und Bühnenschönheit Asta Nielsen. Die dänischstämmige Schauspielerin kauft das Bild *Kohlbeet* und auch *Liebespaar unterm Baum*.

Ringelnatz gilt jetzt als Shooting-Star in einem Kunstbetrieb, der es hinsichtlich der Moderne wild, expressiv und schockierend liebt. Es gilt als chic, ein Bild von ihm hängen zu haben.

Mit der dunkelhaarigen, glutäugigen Asta Nielsen betritt eine neue Figur seine Skala der Frauen, die von Muse und Geliebter über die Mutter bis zur Mäzenin reicht. Mit der zunehmend engeren Freundschaft zu Asta beginnt Ringelnatz sich von Renée zu lösen. Die Stummfilmdiva bewohnt zusammen mit ihrem russischen Mann eine Etagenwohnung, Kaiserallee 203, mit Blick auf den mächtigen Boulevard und die weit unten liegenden Straßenknäuel der Innenstadt, eine Etage wie ein Filmset für opulente Aufnahmen in märchenhaft schlossartigem Interieur. Es fehlt nicht der ausgestopfte Löwenkopf nebst ausgebreitetem Fell, moderne Kunst belebt ihren Salon mit dem breiten Kamin. Die Schauspielerin und Filmproduzentin wird zur Gönnerin und engen Freundin von Ringelnatz, oft besuchen er und Muschelkalk sie in ihrem Sommerhaus »Karusel« auf Hiddensee.

Mit dem Jahr 1927 wird der Rowohlt Verlag zum Stammhaus von Ringelnatz. Ernst Rowohlt veröffentlicht die *Reisebriefe eines Artisten*: »Ich werde deine Gedichte so erlesen drucken und sie so kostbar ausstatten, wie es mit den Versen von Stefan George geschehen ist. Dann wirst du sehen, dass für dich ein zweites Schriftstellerleben beginnt«, meint der Verleger. Ernst Rowohlt, man raunt, dass er Sektgläser zerkaut wie Kaviarbrötchen, ist der erste Verleger, der sich voll und ganz auf Ringelnatz einlässt. Berühmt ist Rowohlt für seinen untrüglichen Geschäftssinn, der Autoren wie den stillen Spaziergänger Franz Hessel oder den wortgewaltigen Kurt Tucholsky, Robert Musil oder einen Dichter wie Franz Werfel in Bann und verdienstbezogene Bindung bringt. 1924 publizierte er die *Sieben Dialoge* von Franz Hessel mit sieben Radierungen von Renée Sintenis.

Immer wieder denkt Ringelnatz an eine Verfilmung seines Kuttel Daddeldu, doch alle Pläne zerschlagen sich. Stattdessen kommt Mitte der 1920er-Jahre ein anderer Film zu ihm: »Nicht ohne freudige Genugtuung sieht das Institut für Kulturforschung dem ersten Teile des Filmwerkes ›Schaffende Hände‹, den Malern, dem mit dem zweiten Teil ›die Bildhauer‹ folgen, ebenfalls begleitet

von einem Heft, das eine Reihe der schönsten Bildpha-
sen wiedergibt, entgegen.« Regie führt Hans Cürlis, Weg-
bereiter des Lehrfilms, der in seinem »Institut für Kulturforschung« die ersten Scherenschnittfilme von Lotte
Reiniger produzierte.

Joachim Ringelnatz wird vorgestellt in einer Reihe mit
bekannten Berliner Malern, darunter Lovis Corinth, Otto
Dix, George Grosz, Käthe Kollwitz, Max Liebermann,
Max Pechstein und Heinrich Zille. Im zweiten Teil des
Films zeigt Cürlis die Bildhauer Lederer, Kolbe, De Fiori,
Belling und Hitzberger an ihren Arbeiten, am Schluss
werden zwei Frauen einander gegenübergestellt: »Milly
Steger und Renée Sintenis. Milly Steger hält das Modellieren nur für eine Vorstufe. Sie möchte ›am liebsten einmal zwei Jahre nur an einem Marmorblock arbeiten.‹ ...
Mehrfach war von der Eigenart der Gerüste die Rede.
Renée Sintenis liefert zu diesem Thema einen wertvollen
Beitrag. Die Körper ihrer ohnehin schon grazielen [sic!]
kleinen Tierplastiken sind in dem blanken Drahtgestell
auf eine Formel von konzentrierter Zartheit gebracht, die
man nur eine Theorie der Anmut nennen kann. ... Immer wieder ziehen diese schönen schmalen Frauenhände
in ihren Bann, die so analoge Formen schaffen.«

Zur selben Zeit erscheint im Werkkunstverlag ein ers-
tes Buch zu Renée Sintenis. Hans Siemsen stellt es für
das *8-Uhr-Abendblatt* am 10. Januar 1927 vor: »... Marie
Laurencin, Ringelnatz, Meier-Graefe und der tote Moritz
Heimann sagen da, jeder auf seine Weise, was sie über
Renée Sintenis, den Menschen, die Frau und die Bildhau-
erei sagen möchten. Und dann gibt es noch mehr als drei
Dutzend Abbildungen von Zeichnungen, Radierungen,

Plastiken der Renée selber. Und wem diese Bilder keinen Spaß machen – mit dem möchte ich nichts zu tun haben! – Da gibt es Jungens und junge Hunde und Tänzer. Da gibt es ein Porträt von Ringelnatz. (Was für ein Kopf! Ein doller Kopf!) Da gibt es Rehe und Fohlen und Zebrakälbchen, die schlafen, und Gazellen und einen jungen Esel (schön und rührend in seiner Kindlichkeit) und junge Mädchen und wieder und noch mal die geliebten Fohlen. Und der Läufer Nurmi, dieses menschliche Wunder – ebenso, wie ein Wunder gesehen werden will. Und wenn man alles durchgeblättert hat, dann fängt man wieder von vorne an und findet noch ein Lama und einen kleinen Elefanten und einen kopfstehenden Artistenjungen und die wunderbare ernste Porträtmaske der Renée Sintenis selber. – Und da kann man nur sagen: Alle Achtung! So eine Frau gibt es wohl nicht alle Tage. So einen Menschen und Künstler auch nicht. In Deutschland nicht – und in der ganzen Welt nicht. Mit diesem ›Exportartikel‹, mit diesem Kunstwerk (einer Frau!) steht Deutschland in der ganzen Welt allein da. Das macht uns keiner nach! Obwohl ›wir‹ es nicht gemacht haben, sondern Renée Sintenis.«

Sylt, wilde Nordsee

Am 2. Juli 1927 erhält Renée Sintenis ihren Führerschein und kauft sich sogleich einen der wenigen Sportwagen Berlins. Sie ist gefesselt vom Geruch nach Öl und Benzin, das Autoinnere erforscht sie wie die Medizinstudenten den menschlichen Körper in der Pathologie. Zündung und Kompression, der Motor und seine Möglichkeiten faszinieren sie. Mit ihrem Studebaker ist sie unabhängig. Die Kurzflucht ins modische Weekend ist eine der neuen Verheißungen, nicht nur in den noblen Berliner Kreisen, die Bijouteriewarenindustrie bietet »Trauringe fürs Wochenende« für drei Mark. Die Sintenis ist zu Gast beim Direktor der Dresdner Bank und Vorsitzenden des Golf- und Landclubs Berlin-Wannsee, Herbert M. Gutmann, auf dem Herbertshof bei Potsdam, bei dem Sammler Ludwig Katzenellenbogen, auf dem Mustergut in Seelow von Hugo Simon, pazifistischer Bankier und für kurze Zeit Finanzminister, vertreten in zahlreichen Aufsichtsräten. Hier im hügeligen märkischen Oderland, in den Höhen von Seelow, graste ihr kleiner Esel aus Stein; nach der Eroberung durch die sowjetische Armee 1945 lag das Anwesen zerstört. Reisen führen Renée in die süddeutsche Heimat ihres Mannes und immer wieder zu ihrem Sehnsuchtsort Kampen auf Sylt.

Himmel, Meer und Sand. Die Flut kommt und geht,

Kurzflucht ins modische Weekend im Studebaker
– am liebsten nach Sylt.

der Wind weht und die weißen Wolken spielen mitei-
nander Fangen, die Luft ist geschwängert vom Salz des
Meeres. Während Emil Rudolf Weiß bei Badenweiler
Erholung sucht, reist Renée, oftmals zusammen mit
Hans Siemsen, im Sommer nach Kampen, in die Pension »Kliffende«. Die weite flache Landschaft des Watts
zwischen Insel und Festland, die Braderuper Heide, wird
ihrem Pferd zum Rennplatz für den gestreckten Galopp.
Wie der sturmumtoste Bug eines Schiffes ragt »Kliffende« hinaus über das Rote Kliff, das weiß getünchte,
reetgedeckte Haus, glühend feuerrot leuchtend in der
Abendsonne, und die Hobbykünstler pinseln eifrig im
letzten Licht des Tages.

Aus der großen Mansarde nach Westen, die die
Sintenis nun jährlich bezieht, geht der Blick aufs offene
Meer und das Scharren der Pferde in ihren Boxen dringt
in ihre Träume. Sie fühlt sich heimisch bei der Wirtin
Clara Tiedemann, von allen nur »Klaus« genannt. Zu-
sammen mit ihrer Tochter Heide trotzt Klaus den Stür-
men und der Einsamkeit im Spätherbst und Winter.
Clara Tiedemann ist eine Frau nach dem Geschmack der
Sintenis: geradlinig, offen, wagemutig.

Auf Sylt sind im Sommer Thomas und Heinrich Mann
mit ihren Familien, Ernst Rowohlt, Peter Suhrkamp,
Siegfried Jacobsohn, Emil Nolde, Erich Kleiber und viele andere zu Hause. Im Gästebuch der »Kliffende«-Wir-
tin Clara Tiedemann ergeht sich Thomas Mann: »Nicht
Glück oder Unglück – der Tiefgang des Lebens ist es,
worauf es ankommt. An diesem erschütternden Meere
habe ich tief gelebt, und was es aufregte, das wird, gebe
es Gott, irgendwie einmal ehrenhaft fruchtbar werden.«

Nach dem viel zu frühen Tod ihres Mannes führt Klaus das 1923 erbaute Haus allein; sie führt es zu Weltruhm. Ihr gastronomisches Konzept entsteht aus einer freien Geisteshaltung, die niedrigen Standard und schlechten Service nicht erträgt. Jeden Tag ist das skandinavisch anmutende Tischangebot mit Kerzen und Rosen eingedeckt, und Klaus führt gemeinsam mit den einheimischen, in Schwarz und Weiß gekleideten Serviermädchen das noch nicht bekannte Frühstücksbuffet ein: »Keinerlei Luxus. Behagliche Räume. Zentralheizung und ein großer Kamin. Fließendes Wasser und gute Betten. Beste Verpflegung, kein Koch, sondern eine Köchin, die was von Hausmannskost versteht. Nichts wird zugeteilt, der Gast soll nehmen, was ihm schmeckt und so viel er will. Zum Frühstück steht schon alles aufgebaut: selbst gebackenes Brot, am Sonntag auch Kuchen. Mittags kommt alles im Strandanzug, es gibt ein Vorgericht und kalte Schüsseln. Nachmittags Kaffee und Kuchen unbegrenzt. Abends macht sich jeder hübsch und da gibt es die Hauptmahlzeit. Völlige Freiheit für den Gast, kein Vorstellen bei der Ankunft. Alles muss sich zwanglos ergeben. Am Samstag wird getanzt«, so die Wirtin. »Wir legten Wert darauf, nichts Überfeinertes zu geben, es musste eher bäuerlich als hotelmäßig sein. Echter Katenschinken und goldgelbe Dithmarscher Butter. Die Lieferanten mussten sich Mühe geben, erstklassigste Ware zu liefern, und sie taten es. Nach dem Braten, dem Geräucherten, den Salatschüsseln, den Stangenspargeln kamen die Käsesorten und dann, ›das Schönste‹, wie die Gäste sagten, die norddeutsche Rote Grütze, ein seltsamer Name für frische Früchte, Himbeeren, Johannisbeeren oder Stachelbeeren, die man andickt und mit sehr guter Milch isst.«

Renée Sintenis will auf der Insel an Gewicht zulegen. Sie bekommt mittags ihre Extraportion Kartoffelbrei, mit Butter und Sahne geschlagen. »Es schmeckt mir so gut bei dir, ich muss doch zunehmen, ich magerer Hering, und das kann ich nur bei dir, nirgends sonst, sechs bis acht Pfund wiege ich mehr, wenn ich von Kampen komme«, so Renée zu Klaus. An den Tischgesprächen, von den Prinzipien der Schauspielkunst zur Börse, von da zur Gesellschaft, zum Bolschewismus, zur Politik im Allgemeinen und Besonderen, zu Monarchie gegen Fortschritt, beteiligt sie sich kaum. Meist sitzt sie allein, fernab des Klüngels, dem es Spaß macht, hier an der See Grunewald zu spielen. Renée Sintenis, den geduldigen Terrier zu ihren Füßen, beobachtet und manchmal geht ein Lächeln über ihr Gesicht. Wenn sich abends die Klänge des Grammofons mit dem Rauschen des Meeres vermischen, die bunten Lampions in die nachtblaue Dunkelheit leuchten und die tanzenden Paare sich finden, geht Renée, bewaffnet mit einem englischen Kreuzworträtsel, nach ihrem Pfefferminztee um neun Uhr zu Bett.

In den Erinnerungen der Zimmerwirtin an Renée heißt es: »Einfach, bescheiden, freundlich, liebenswürdig. Das Alleinsein über alles liebend, warst du doch voller Zuneigung zu den Menschen, die in deinen Kreis traten, besonders zu den Belasteten, den Außenseitern, zu denen, die mit diesem Leben nicht fertig wurden. Ich hörte dich gern erzählen, du wusstest Menschen lebendig zu schildern, klar und knapp, wie du Köpfe mit dem Bleistift umrissen hast. Es war Güte in deinen Schilderungen und Einfühlung.«

Tout ce qu'elle fait est jeune

1930 arbeitet Renée an ihrer fast lebensgroßen Figur der Daphne. Als wolle sie dem aktuellen Zeitgeschehen und dem Aufkommen des Nationalsozialismus entfliehen, so reckt sich die *Große Daphne* der Sintenis in den Himmel. »Die ganze Gestalt schwebt, als sei sie aufgehängt am Kreuz ihres Schicksals«, so ihre Freundin Hanna Kiel. »Aus ihr spricht alles, Leid und Lust und Entsagung, das zweifelnde ›Mein Gott, warum hast du mich verlassen‹ und zugleich das Sichergeben, weil es vollbracht ist«. Heute steht die Plastik als eine der wenigen erhaltenen Gartenplastiken der Sintenis im klassizistischen Behnhausgarten an der Rückseite des Lübecker Kunstmuseums.

Am Dienstag, dem 15. Juli 1930 notiert Harry Graf Kessler anlässlich des Besuchs von Aristide Maillol, dessen erster Mäzen und wichtigster Förderer er war, in sein Tagebuch: »Vor dem Frühstück war Maillol im Kronprinzenpalais gewesen, wo ihm vor allem die Plastiken der Renée Sintenis gefallen hatten. ›Elle est une grande artiste‹, sagte er mir, ›tout ce qu'elle fait est jeune.‹ [›Sie ist eine große Künstlerin, alles, was sie erschafft, ist jung.‹] Bei Tisch saßen sie nebeneinander und lächelten einander immerfort an wie ein Liebespaar. ›Ist er nicht süß?‹, sagte mir die Sintenis nachher. Er habe ihr immerfort Komplimente gemacht, und sie habe aus Verlegenheit und in ihrem mangelhaften Französisch nicht gewusst, was sie ihm antworten sollte; sie habe daher immer nur gelächelt. ... Den Vormittag hat Flechtheim betriebsam dazu ausgenutzt, um Maillol in seine Galerie zu holen und ihn dort mit Barlach ... zu fotografieren.«

Am 11. August 1931 wird die Sintenis als erste Frau im Fach Bildhauerei an die vorwiegend von Männern dominierte Akademie der Künste berufen, nach Käthe Kollwitz als zweite Frau überhaupt. Seit 1923 war sie unter dem Vorsitz von Max Liebermann mehrfach für die Aufnahme nominiert worden, der sich für die Erneuerung der 1790 geschaffenen Kunstsozietät einsetzte – einer ihrer stärksten Fürsprecher war wieder ihr Mann.

Auch international hat sich Renée Sintenis inzwischen einen Namen gemacht: Boxer, Sportlerfiguren wie die Darstellung des finnischen Olympiasiegers, des Läufers Nurmi, fanden Eingang etwa in die Sammlung Hemingway. Im November 1927 reisten Ernest Hemingway und seine zweite Ehefrau Pauline Pfeiffer nach Berlin. In den neun Tagen ihres Aufenthalts besuchten sie u. a. das Sechstage-Fahrradrennen im Sportpalast und kamen mit Alfred Flechtheim in Kontakt. Bei ihm kaufte der Amerikaner für 500 Mark eine Skulptur von Renée Sintenis, *Der Fußballspieler*.

Der französische Kunstkritiker René Crevel nennt als wichtige Sammler von Sintenis-Plastiken weltweit u.a. Flechtheims, Fritz Hess, Baron von der Heydt, Josef von Sternberg, Oskar Reinhart, Prinzessin Bassiano, Paris, Mrs. Samuel Courtauld und Elizabeth Workman, London, Mr. Brewster, Chicago, Ethel Ford, Detroit, Conger Goodyear und Scofield Thayer in New York.

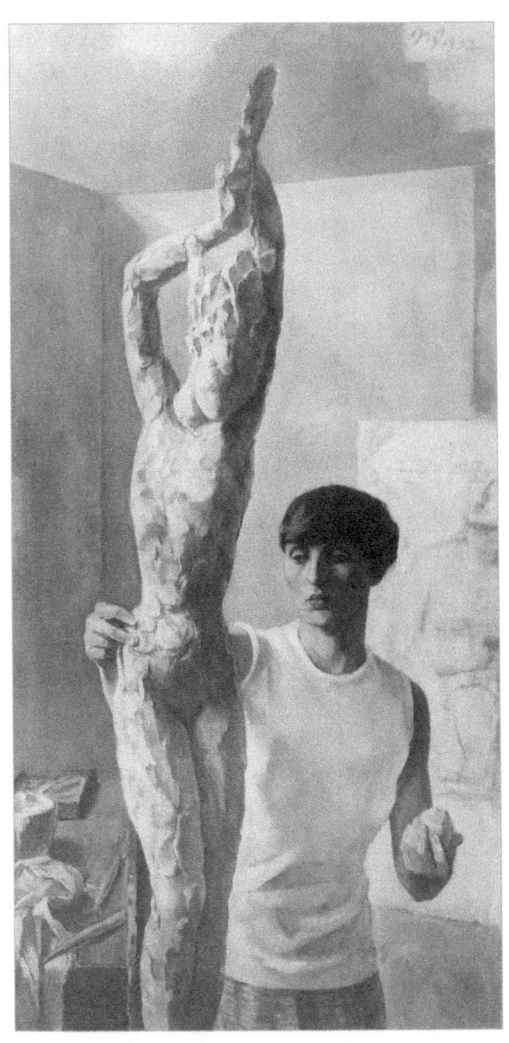

Renée Sintenis modelliert ihre »Große Daphne«,
Gemälde von Emil Rudolf Weiß, 1930

Hinzu kommen öffentliche Museen wie die National-galerie Berlin, die Staatsgalerie in Wien, das Albertinum in Dresden, die Museen von Danzig, Dortmund, Düs-seldorf, Frankfurt am Main, Hamburg, Köln, New York, Oldenburg, Paris und Rotterdam.

Das Jahr 1933 wird zum Schicksalsjahr für so viele. Auch für Alfred Flechtheim, Zielscheibe nationalsozia-listischer Hetzartikel, bedeutet es einen radikalen Ein-schnitt. Die rachsüchtigen Kampagnen gegen den Gale-risten kennen in Bild und Wort kaum Grenzen. Der Jude Flechtheim, Propagandist der modernen Kunst in der verhassten Weimarer Republik, ist ein ideales Feindbild der nationalsozialistischen Presse, gleichsam eine Einla-dung zur Rufmordkampagne.

Alex Vömel, langjähriger Partner und Geschäftsführer in der Düsseldorfer Galerie, kündigt dem Baseler Kunst-händler Christoph Bernoulli die geplante Arisierung der Galerie Alfred Flechtheim an: »Ein Hausputz wird in Deutschland gehalten, dem kann keiner entgehen. ... Leid tun mir die Juden, die sich als Menschen zweiter Klasse fühlen müssen – A. F. ist regelrecht zusammen-gebrochen. ... Es lebe die Zukunft.« Wenige Tage später verschickt Vömel, zu dieser Zeit bereits Mitglied der SA und später auch der NSDAP, Postkarten anlässlich der Übernahme: »Ich habe die Ehre, Ihnen mitzuteilen, dass ich unter der Firma Galerie Alex Vömel in den bisheri-gen Räumen der Galerie Flechtheim in Düsseldorf eine Kunsthandlung errichtet habe.« Die Galerie Vömel ver-tritt noch heute die Arbeiten der Sintenis.

Die Gesellschaftsdame Thea Sternheim, Fotografin und enge Freundin der Flechtheims, notiert am 13. Juli

1933 in ihr Tagebuch: »Paris, Hôtel Atala. Gegen elf erscheint Flechtheim, der gestern von Berlin kam. Wir frühstückten mit Klaus [Mann] bei Antoine. Am meisten entsetzt mich die Flechtheim besitzende sinnlose Angst. Im völlig leeren Lokal blickt er bei den harmlosesten Gesprächen nach rechts, nach links, sich zu vergewissern, dass keiner uns belauscht.«

Flechtheim, zuvor stets in glänzender Laune anzutreffen auf seinen Ausstellungseröffnungen, ist zutiefst deprimiert. Die Resonanz, die er in aller Welt fand, versiegt. An den Sammler und Kunstmäzen Oskar Reinhart schreibt er am 1. Oktober 1933: »Ich habe gestern Berlin u. zwar für immer verlassen. Meine Galerie da und in D'dorf werden geschlossen. Hofer, Kolbe u. wahrsch. auch Renée sind diffamiert! Was soll ich da noch tun? ... – Hätte ich mich nicht mit Hofer, Kolbe, Klee, mit den Franzosen beschäftigt, kümmerte man sich nicht um mich! Ja man hat mir angedeutet, dass, wenn ich auf diese Künstler verzichte, ich ruhig weiter Kunsthändler sein dürfte!!! Dann lieber richtig arm im Ausland als Verräter!«

Mit der Einführung des »Gesetzes zur Wiederherstellung des Berufsbeamtentums« vom 7. April 1933, das nur eine Woche nach den Anschlägen auf jüdische Geschäfte, Arzt- und Anwaltspraxen in Kraft tritt, folgen massenhafte Entlassungen.

In der Folge müssen Heirats-, Geburts- oder Sterbeurkunden bis zur Generation der Großeltern, offiziell beglaubigt von Pastoren, Standesbeamten und Archivaren, beschafft werden. In der Akademie der Künste werden Nachforschungen zu allen Mitgliedern angestrengt, auch über Renée und ihren Mann, seit 1922 Mitglied der

Preußischen Akademie der Künste. Der Kunstprofessor Emil Rudolf Weiß echauffiert sich im Vestibül der Kunsthochschule am Steinplatz in Charlottenburg jähzornig vor seinen Studenten über das neue »Päderasten«-System – er verliert seine Stellung. Emil Rudolf Weiß, seit 1907 Professor an der Unterrichtsanstalt des Kunstgewerbemuseums, wird zum 1. April 1933 verfrüht in den Ruhestand versetzt – am Tag des Vandalismus gegen jüdische Warenhäuser, Geschäfte, Rechtsanwalts- und Arztpraxen.

Auf das Formschreiben der Akademie mit Aufforderung zum freiwilligen Austritt antwortet Renée, recht lakonisch:

»Sehr verehrter Herr Präsident. Meinen besten Dank für Ihr Schreiben vom 15.5.33. Meine Meinung ist folgende: Ich habe seinerzeit nichts dazu getan, in die Akademie hereinzukommen, so möchte ich jetzt auch nichts dazu tun, wieder herauszukommen. Wenn aber die Akademie aus den von Ihnen angedeuteten Gründen glaubt, die damalige Berufung als ungültig erklären zu müssen, so steht dem, so viel ich sehe, nichts im Wege. Ich bin mit den besten Grüßen

Ihre Renée Sintenis«

Mit einem freiwillig anmutenden Austritt aus der Akademie der Künste soll der Schein der Legalität hinsichtlich der Säuberungen aufrechterhalten werden. Mies van der Rohe und viele andere können sich nicht zum Austritt entschließen.

Nach der Aufforderung zum Austritt fühlt sich Renée Sintenis wie eine Aussätzige, eine Vertriebene. Was gestern noch sicher schien, ist heute brüchig. Keine Einladungen zu Flechtheim-Vernissagen, kein lustig-lauter Flechtheim mehr, der lachend auf alle Kleingeister schimpft. Auf nichts ist mehr Verlass.

Nach ihrem Schreiben an die Akademie dauern die Nachforschungen in der Angelegenheit Sintenis/Weiß an. Immer wieder wird Renée Sintenis aufgefordert, ihren Ahnennachweis zu erbringen.

In einem Gutachten vom 28. Februar 1934 heißt es: »Die Ahnen des Malers Professor Rudolf Weiß habe ich bis zu den Großeltern nachgeprüft und bis zu den Urgroßeltern namentlich festgestellt. Sie waren katholischer Konfession und arischer Herkunft. Professor Rudolf Weiß ist also arisch. Er ist aber mit einer Frau nichtarischer Herkunft verheiratet. Die Ahnen der Bildhauerin Renée Sintenis habe ich bis zu den Großeltern nachgeprüft und bis zu den Urgroßeltern namentlich festgestellt. Die Eltern ihrer Mutter sind jüdisch geboren und später zum evangelischen Glauben übergetreten. Frau Renée Sintenis ist also nichtarisch.« Dieses Gutachten ist Grundlage für den endgültigen Ausschluss aus der Akademie.

»In den nächsten Tagen fahr ich mal zu Ringels …«
Joachim Ringelnatz und seine Frau Muschelkalk

Aus dem Leben gerissen

Zu Beginn des neuen Jahres 1934 plagt sich Joachim Ringelnatz mit seiner Reiseerlaubnis in die Schweiz. Die Visaformalitäten und die Erneuerung seines abgelaufenen Passes ziehen sich unverständlich in die Länge. Vom 1. bis 15. Februar will er ein Engagement im Kabarett Gambrinus in Basel wahrnehmen – ein Ausweichmanöver, um dem Auftrittsverbot in Deutschland zu begegnen und dem finanziellen Desaster zu entkommen.

Am 5. Februar 1934 schreibt Ringelnatz aus Basel an den Freund Hans Siemsen im Pariser Exil: »Mein lieber H. Wir müssen – auch hier – uns vieles denken und still entlassen. ... Es ist bitterkalt hier. Ich sitze in einem Café mit dem Blick auf den Rhein. Eisschollen ziehen vorüber, und ich sehe immer wieder den vielen kalten Möwen zu, die ihre Kreise flattern und kurz ins kalte Wasser tauchen, um einen Fisch zu schnappen. Ob es unter diesen so offen egoistischen Tieren wohl gute, opferfähige Freundschaften gibt? Sei gegrüßt, mein lieber Freund, von Deinem – einsamen – nicht immer, aber oft – einsamen Ringel.«

Es steht schlecht um Ringelnatz, der nun wieder nach Berlin zurückgekehrt ist. Am 4. April 1934 schreibt Renée an Hans Siemsen: »Sehen tu ich absolut Niemanden, aber das schadet mein Gott nichts, in den nächsten Tagen fahr ich mal zu Ringels, wir haben uns telefoniert, und er ist ganz fürchterlich erkältet. Es geht ihnen nicht so recht, kann man sich denken.«

Ringels Husten gerät zum Tornado, der das Innerste aus dem einst so drahtigen, nun kindlich zusammengeschrumpften Körper nach außen kehrt. Über sein letztes Werk berichtet Hans Siemsen: »Der Roman, dessen Titel noch nicht bestimmt war, wurde April 1934 begonnen, ganz plötzlich. ... Es hat eine traurige Geschichte: Ringel arbeitete daran sehr intensiv und mit innerem Feuer. Gerade in die Zeit fiel die Erkennung seiner Krankheit. M. wusste seit einigen Tagen, dass es die schlimme Tuberkulose war und dass Heilstätte und anderes bevorstand.«

Renée, die von der Tubekulosediagnose erfahren hat, schreibt am 19. Juni 1934 aus Sylt an Hans Siemsen: »... ich habe Kummer wegen kleine Ringel, das ist so traurig und er sollte hier sein statt ich und ich habe nichts gewusst davon. Als ich das letzte Mal bei ihnen war, hat er Husten gehabt und ich habe mir gar nichts dabei gedacht. ... Ich will gerne alles machen, mit Geld auch, was ich kann ...«

Keine Auftritte, kein Einkommen, keine Aussicht auf Heilung. Das *Berliner Tageblatt* bringt am 7. August einen »Appell für Ringelnatz«, einen Spendenaufruf, unterzeichnet u.a. von Renée. Die Ärzte verteidigen sich. Sie tun, was sie können. Von den immer eiligen Schwestern erntet Muschelkalk mitleidige Blicke. Doch die Tuberkulosestation Sommerfeld, wo man Ringelnatz behandelt hat, ist kein Sterbehospiz. Muschelkalk erhält die Empfehlung, ihren Ringel mit nach Hause zu nehmen, alle Hoffnung ist verloren. Über vier Monate hatte sich die Behandlung in Sommerfeld hingezogen – erfolglos.

Der Herbst kommt und die Tage werden kürzer. Der Wind zerrt an den Blättern und in der Senke vor ihrer Berliner Wohnung am Sachsenplatz sammelt sich das Laub.

Asta Nielsen reist zu einem Besuch aus Dänemark nach Berlin. Muschelkalk dankt ihr am 17. Oktober 1934: »Liebste Asta, herzlichen Dank für die geliehenen 50,– M, die ich Dir hiermit zurückgebe. Dein Besuch war vielleicht anstrengend, aber sehr belebend für den Kranken. Wie ich höre, hast Du ihn sehr frisch gefunden. Leider täuscht das. Der Arzt sagte mir gestern Abend, es handele sich nur noch um Wochen. Heute Mittag haben wir Deinen Sekt getrunken ... Deine Schokolade isst er auch. Sie ist so besonders gut. ... Alles ist schön und harmonisch, – aber hoffnungslos. Aber selbst in dieser Lage ist hier unsere Zweisamkeit so schön, dass es mir fast leidtut, dass ab Montag eine liebe und willkommene Krankenschwester uns stört. Sei innig gegrüßt von Ringel und Muschelkalk«.

Ringelnatz stirbt am 17. November 1934 bei Anbruch eines dunstigen Spätherbsttages. Drei Tage später unterrichtet Muschelkalk Hans Siemsen vom Tod seines Freundes: »Ich danke Dir für alle Freundschaft in Ringels Leben. Ich danke Dir für alle Freundschaft zu mir ... Der arme Ringel ist Sonnabend gestorben. Wir begraben ihn heute. Renée hat wunderschöne Lilien geschickt. Wenn Du nach Berlin kommst, erzähle ich Dir. Werde gesund! Behalte mich lieb wie ich Dich. Herzlichste Grüße, M.«

In der Trauerhalle des Waldfriedhofs in Berlin-Westend summt die Orgel leise *La Paloma*, das Lieblingslied des

Seemanns Kuttel Daddeldu, und *Stürmisch die Nacht*. Schweigend tragen die wenigen versammelten Freunde den Sarg auf den in dichtem Nebel liegenden Kirchhof. Paul Wegener rezitiert am Grab die Worte von Ringel an Muschelkalk: »Der Du meine Wege mit mir gehst, / Jede Laune meiner Wimpern spürst, / Meine Schlechtigkeiten duldest und verstehst – –. / Weißt du wohl, wie heiß du oft mich rührst? / Wenn ich tot bin, darfst du gar nicht trauern, / Meine Liebe wird mich überdauern / Und in fremden Kleidern dir begegnen / Und dich segnen. / Lebe, lache gut! / Mache deine Sache gut!«

Muschelkalk bittet Renée Sintenis, den Grabstein zu gestalten. Nach einem Jahr endlich deckt das Grab auf dem verwunschenen Friedhof eine Platte aus rheinischem Muschelkalk zu. Schlichte Großbuchstaben in Bronze erinnern an: Joachim Ringelnatz.

Mindestens Halbjüdin!

Die Nationalsozialisten belassen es nicht bei Renées Ausschluss aus der Akademie. Die Ermittlungen laufen weiter. Per Telegramm vom 5. April 1934 geht eine Anfrage an die Reichskulturkammer im Propagandaministerium: »ich bitte um auskunft, ob die englische [sic!] künstlerin renee sintenis arisch ist.«

»Mindestens Halbjüdin! Anfragen in Personal- bzw. Judenfragen an mich! Keine Papiere zu erreichen!«, fügt Hans Hinkel, Sonderbeauftragter für Kulturpersonalien im Reichsministerium für Volksaufklärung und Propaganda, handschriftlich hinzu betreffs der Sintenis auf dem Telegramm an SA-Brigadeführer Franz Theodor Moraller, Leiter des Kulturamtes der Reichspropagandaleitung der NSDAP und Geschäftsführer der Kunstkammer.

Abendeinladungen erhält Emil Rudolf Weiß nun oft mit der Bitte, ohne seine jüdische Ehefrau zu kommen. Kaum noch verlassen die beiden das Haus. Sie leben neben der Zeit. Noch ist Renée geschützt durch ihre Ehe.

Im Treppenhaus gilt es, nicht aufzufallen, immer freundlich zu grüßen. Lieber benutzt Renée, die vor zehn Jahren von Flechtheim kreierte fotogene Lichtgestalt, den Dienstbotenaufgang. Das hintere Treppenhaus am Seiteneingang der Wohnung führt direkt in die Küche.

Die Sintenis, porträtiert von Hugo Erfurth, 1930er-Jahre

Sie, die so gerne ausschreitet und mit federnd-losgelöstem Nachdruck lästige Distanzen überwindet, traut sich kaum noch aus dem Haus. Jeden Morgen geht der Blick aufs Modellbrett. Zäh wachsen die Tage in ein ungewisses Gewicht, das sich mit jeder Stunde schwerer tragen lässt.

Am 8. Februar 1935 stirbt Max Liebermann, langjähriger Förderer der Sintenis in der *Secession*, schwer erkrankt seit dem Herbst 1934, in seinem Haus am Pariser Platz. Die Totenmaske des Berliner Künstlers fertigt der Bildhauer Arno Breker an, einst durch Alfred Flechtheim vertreten und nun von den Nationalsozialisten gefeiert. Nur wenige geben am 11. Februar dem Toten die letzte Ehre auf dem Jüdischen Friedhof an der Schönhauser Allee.

1937, drei Jahre nachdem die Akademie Renée Sintenis ausgeschlossen hat, ergeht nun an Kirchner, Nolde, Pechstein, Barlach, Gies, van der Rohe, Weiß und andere der endgültige Aufruf, aus der Akademie auszuscheiden. Nolde, Kirchner und Pechstein wehren sich vehement dagegen. Emil Nolde sieht sich unanfechtbar als Gründungsmitglied der Nordschleswiger Auslands-NSDAP und schreibt am 12. Juli 1937 an die Akademie: »Meine Gesinnung und ganze Liebe ist für Deutschland, das deutsche Volk und seine Ideale.« Max Pechstein geriert sich als Frontkämpfer des Ersten Weltkriegs: »Ich und meine Frau sind nachgewiesenermaßen Vollarier, mein ältester Sohn ist S.A.-Mann, mein jüngster Sohn bereits zwei Jahre im Jungvolk und außerdem bin ich selbst seit 1934 Mitglied der N.S.V. des Luftsportverbandes«. Am 11. Juli 1937 sendet der für seine Akkuratesse bekannte Schriftkünstler Weiß einen flüchtig per Hand geschriebenen Vermerk an die Akademie: »Ich erkläre hiermit meinen Austritt aus der Akademie der Künste. Prof. E. R. Weiß«.

Renée ist zutiefst verunsichert. Führt die Reichskulturkammer sie noch als Mitglied? Die Beitragssätze von 15,60 Reichsmark ist sie für das erste Vierteljahr schuldig geblieben. Dann erhält sie eine amtliche Vorladung für den 2. November 1937. Sie muss die »Erklärung zur Beitragsfestsetzung der Reichskammer der bildenden Künste für das Rechnungsjahr 1937« abgeben. Ihr zu veranschlagendes Jahreseinkommen gibt sie mit 2.000 Reichsmark an. In den Jahren 1931 und 1932 hatte es sich auf 8.000 Reichsmark belaufen. Ein monatliches Durchschnittsgehalt beträgt 250 Mark, fünf Zentner Kohlen gibt es für 2,85 Mark, ein halbes Pfund Butter für 0,80 Pfennige und eine Mietwohnung von 80 Quadratmeter kostet 80 Mark.

Immerhin hat Renée nach Alfred Flechtheims Flucht endlich mit Karl Buchholz wieder einen Galeristen gefunden; ihr ist es zuwider, ihre Werke zuhause den Interessierten anzupreisen und die Preise zu verhandeln. Zusammen mit Max Beckmann, Werner Gilles, Harth, Hofer, Kolbe und Schmidt-Rottluff hatte sie wenige Wochen nach Ringels' Tod die Eröffnungsausstellung in der neuen Filiale der Buchhandlung Karl Buchholz bestritten, Leipziger Straße 119–120, zwischen Wilhelm- und Mauerstraße gelegen.

Von der lauten Verkehrsader passieren die Eintretenden die Glastür der großzügigen Fensterfront. Zwischen den fünf Meter hohen Bücherregalen mit den Schiebeleitern führt eine kleine Wendeltreppe in der Mitte des lang gestreckten Raumes in den ersten Stock zur Galerie für Plastik, Gemälde und Grafik zeitgenössischer Künstler, mit Blick auf den Leipziger Platz. Curt Valentin, ehemals die rechte Hand von Alfred Flechtheim, arbeitet nun für Karl Buchholz. Mit ihm hat die Sintenis wieder einen engagierten Vertreter mit guten internationalen Kontakten zu Museen und Sammlern gefunden. Unter den neuen Machthabern macht Buchholz kein Verlustgeschäft, die Verkaufsausstellungen im oberen Stockwerk in Sachen Kunst sind gut besucht. Buchholz, der gelernte Buchhändler, gewissermaßen ein Saboteur nationalsozialistischer Kunstpolitik mit dem gleichzeitigen, staatlichen Auftrag zur »Verwertung entarteter Kunst«, setzt sich leidenschaftlich für das gute Buch wie für die moderne Kunst ein. Jede Woche zeigt das Schaufenster neue Themenschwerpunkte, die Kundschaft kann bei Buchholz frei wählen, sie darf das Buch selbst aus dem Regal ziehen und in Ruhe mit dem gefundenen Schatz in einem der bequemen Sessel versinken – eine entscheidende Neuerung im Verkauf.

Innerhalb kurzer Zeit etabliert Karl Buchholz etliche Filialen; sie gehören zu den besten Adressen Berlins. Das schwarze Kundenbuch listet unter den Künstlern u. a. Max Beckmann, Karl Hofer, Gerhard Marcks und Renée Sintenis; unter den Schriftstellern sind Hermann Hesse, Muschelkalk, Ina Seidel, Pamela Wedekind. Kaiserin Hermine, zweite Frau des längst abgedankten Kaisers Wilhelm II., stellvertretend für die Zuwendung der monarchistisch geprägten Kreise zum Hitlertum, kauft ebenso gern in der Buchhandlung und Galerie Buchholz ein wie internationale Kundschaft. Auch Emmy Göring ist Kundin. Sie lässt sich, da dem unverheirateten Hitler offiziell keine Frau zur Seite steht, gern als erste Frau im Staate titulieren. Eine langjährige Angestellte: »Bei Buchholz habe ich die ›Hohe Frau‹ tatsächlich bedient. Sie kam gern zu uns, immer von ihrem Chauffeur als Leibwächter begleitet, der außen vor den großen Scheiben jeden ihrer Schritte bewachte. Sie war keineswegs unangenehm und kam zu uns, weil sie hier nicht mit Naziliteratur überschüttet wurde. Das erste Mal legte ich ihr freilich auch solche Bücher vor, die sie mit Schwung und energisch zur Seite schob. ›Deshalb komme ich doch nicht zu Ihnen, das können Sie meinetwegen meinem Mann anbieten.‹«

Inflationsangst und drohende Kriegsgefahr führen zu einem Boom im Kunsthandel seit Mitte der 1930er-Jahre. Wer nicht fliehen muss und über finanziellen Spielraum verfügt, legt in Sachwerten an.

Zufrieden ob der Resonanz der Ausstellung *Entartete Kunst*, die einen Tag nach der jährlichen *Großen Deutschen Kunstausstellung* in München eröffnet wurde, notiert Goebbels am 24. Juli 1937 im Tagebuch: »Die Ausstellung *Entartete Kunst* ist ein Riesenerfolg und ein schwerer Schlag. Der Führer steht mir fest zur Seite gegen alle Anfeindungen. Wird im Herbst auch nach Berlin kommen. *Große Kunstausstellung* hat schon sehr viel verkauft. So muss man es machen. Durch große Aktionen das Interesse des Volkes wachrufen.«

Handzettel und Plakate locken nach München zur *Entarteten Kunst*, organisierte Gruppenreisen führen der Ausstellung Publikum zu. Für Parteimitglieder und ihre Angehörigen ist die Schau selbstverständliche Pflicht.

Etwa 650 Werke von 112 Künstlerinnen und Künstlern sind zu sehen. Die *Schandausstellung* sorge für eine Popularisierung der als *entartet* eingestuften Kunst, so der betroffene Maler Conrad Felixmüller in einem Brief an seine Frau Londa: »Man wird die *Entarteten* ihres Renommees wegen beneiden. Die Situation ist, groteskerweise durch die Veranstalter, so geworden, wie man's uns nachsagt: Aus Sensation setzte sich unser Ruhm zusammen.« Die *New York Times* berichtet am 6. August 1937: »Die Ausstellung *Entartete Kunst* lockt mehr als dreimal so viele Besucher an wie die ›deutsche‹, viele sind ausländische Touristen, besonders Amerikaner und Engländer, aber darunter viele deutsche Kunststudenten, denen die Ausstellung vielleicht letztmalig Gelegenheit bietet, moderne Kunst zu sehen.«

In den Katalogen der *Großen Deutschen Kunstausstellung* wirbt man für die Ausstellung der *Entarteten*: »Gequälte Leinwand – Seelische Verwesung – Krankhafte Fantasten ... Seht euch das an! Urteilt selbst! Besuchet die Ausstellung!« Wieder dient der Galerist Alfred Flechtheim als Projektionsfläche für Hassangriffe, im Ausstellungsführer heißt es: »Dieser Abteilung kann man nur die Überschrift ›Vollendeter Wahnsinn‹ geben. Sie nimmt den größten Raum ein und enthält einen Querschnitt durch die sämtlichen Ismen, die Flechtheim, Wollheim [der expressionistische Künstler Gert Heinrich Wollheim] und Cohnsorten im Laufe der Jahre ausgeheckt, gefördert und verramscht haben.« Ein überlebensgroßes Foto von Flechtheim beherrscht den Blick auf die Bilder mit dem Kommentar: »Der Jude, der Großmanager dieser Kunst.« Unter dem Druck der Emigration hatte Flechtheim 1936, ein Jahr vor seinem Tod, zahlreiche Werke dem niederländischen Kunsthändler Carel von Lier in Kommission übergeben. 1937 dann versteigerte von Lier aus der Flechtheim'schen Sammlung auf eigene Rechnung; Käufer waren Kunsthändler und Museen.

Auch die gekonnt in Kaltnadelradierung gesetzten *Männlichen Akte* der Sintenis werden 1937 durch das Reichsministerium für Volksaufklärung und Propaganda bei der Aktion *Entartete Kunst* am 21. August 1937 beschlagnahmt, zurückgegeben am 30. Mai 1940 vom Deutschen Reich/Reichsministerium für Volksaufklärung und Propaganda, Berlin, an die Kunsthalle Bremen mit der Auflage des Ausstellungsverbotes.

Am 9. März 1937 war der sechzigjährige Alfred Flechtheim im Londoner Exil an den Folgen einer Operation gestorben. Die *Times* im Nachruf, 11. März 1937: »Er war ein Mann von enormer geistiger und körperlicher Energie und Lebenskraft mit einer unerschöpflichen Liebe zum Leben. Für jene, die ihn gut kannten, ist es schwer zu begreifen, dass sie ihm nicht mehr begegnen werden, dieser großen eilenden Gestalt, den vornehmen Kopf mit der unvermeidlichen Zigarre nach vorn gereckt, sich seinen Weg bahnend durch die Kunstausstellungen von Paris und London, und dass sie nie mehr seine zahllosen Geschichten von Gemälden oder Künstlern oder Sammlern hören werden können, die er mit so außerordentlicher Lebendigkeit und anschaulichem Realismus zum Besten geben konnte.«

Wurde für die Organisation der Ausstellung *Entartete Kunst* in den Museen und Sammlungen zahlreicher deutscher Städte gefahndet, so rollt für den Herbst 1937 eine zweite Beschlagnahmungswelle an. Zweck ist die sogenannte Säuberung und – Devisenbeschaffung. In einem Erlass des Ministerpräsidenten Hermann Göring vom 28. Juli heißt es, »dass binnen 10 Tagen alle preußischen Museen vollständig von entarteter Kunst gesäubert sein müssen«. Zur Orientierung dient den Direktoren eine namentliche Auflistung von 66 der in der Ausstellung *Entartete Kunst* in München vertretenen Künstlern, veröffentlicht in der *Deutschen Allgemeinen Zeitung*.

Anweisungen für den Verkauf der Werke gibt das Reichsministerium für Propaganda in einem Brief an die ausgewählten Kunsthändler Ferdinand Möller und Karl Buchholz aus Berlin, Hildebrand Gurlitt aus Hamburg und Bernhard Alois Böhmer aus Güstrow weiter. Karl Buchholz unterzeichnet die Geheimhaltungsklausel bezüglich der Verkäufe.

Alle Hinweise auf die Herkunft der gestohlenen Bilder werden unsichtbar gemacht. Die vier deutschen Galeristen sind angehalten, den Verkauf der *Entarteten* im Ausland ausdrücklich gegen Devisen voranzutreiben, der Verkauf an inländische Interessenten ist untersagt. Die Galeristen vertreiben die Bilder in Kommission und haben zugleich die Möglichkeit, zu Vorzugskonditionen in Reichsmark oder Devisen die Werke selbst zu erwerben. Sie erwirtschaften als Nutznießer mit der gestohlenen Kunst aus den Museen und aus privaten Sammlungen ihre Gewinne.

Das plötzlich große Angebot *entarteter Kunst* überschwemmt den Markt. Zu Spottpreisen finden Gemälde und Skulpturen, Grafiken und Zeichnungen ausländische

Käufer. Zwischen fünf und 25 Prozent Rendite, Letztere für die schwer verkäuflichen Werke aus dem Depot der aussortierten Werke in der Köpenicker Straße, fallen für die vier von den Nationalsozialisten erwählten Kunsthändler ab.

Am 15. Oktober 1937 werden Hunderte von der Reichskammer der bildenden Künste beschlagnahmte Kunstwerke aus der Nationalgalerie abgeholt und in einer angemieteten Halle in der Köpenicker Straße 24 gelagert, u. a. das Ölgemälde *11 Uhr nachts* von Ringelnatz und ein Selbstbildnis der Sintenis in Bronze. Angesetzt sind die Versicherungswerte von 500 bzw. 600 Reichsmark. 345.809 Reichsmark insgesamt werden verzeichnet für die Werke, die aus der Nationalgalerie ins Sammeldepot verbracht wurden.

Zu Beginn des neuen Jahres, am 13. Januar 1938, besichtigt Adolf Hitler das Depot in der Köpenicker Straße und bestimmt, dass Rückgaben an die Museen in keinem Fall zu erwägen seien. »Das Resultat ist vernichtend. Kein Bild findet Gnade. ... Einiges davon wollen wir im Ausland gegen gute Meister austauschen«, berichtet Joseph Goebbels am 14. Januar 1938 in seinem Tagebuch. Seit zwei Jahren nun werden systematisch vor allem die deutsche Moderne und französische Impressionisten gegen Devisen ins Ausland verkauft. Es folgt der Befehl, die übrigen Bilder zu verbrennen.

Diese Sammlung stellt den Rest der aus allen deutschen Museen zusammengeraubten Kunstwerke dar, die nicht für die Wanderausstellung *Entartete Kunst* in Frage kamen, nicht von Göring als Privateigentum für Tauschgeschäfte ausgesucht oder gegen Devisen verkauft wurden. Von nur 700 Kunstwerken verspricht man sich einen nennenswerten Gewinn. Gemälde von Campendonk oder Oskar Schlemmer werden für 5 bis 20 Dollar gehandelt.

Am 20. März 1939 verbrennen im Hof der Hauptfeuerwache Berlin-Kreuzberg 1.004 Gemälde und Plastiken sowie 3.825 Aquarelle, Grafiken und Zeichnungen. Eine öffentliche Inszenierung der Macht wie bei der Verbrennung der Bücher bleibt während der Vernichtung der Bilder aus.

*Absage an den Heldenmythos – Renée Sintenis
mit ihrer Skulptur »Junger Esel«*

Kunst und Krieg

»Es ist der Frau im Allgemeinen nicht wie dem Manne gegeben, das, was sie innerlich bewegt, künstlerisch zu gestalten, und damit für andere Menschen erlebbar zu machen«, hieß es im Juniheft 1937 *Die Deutsche Kämpferin*. Mit Karl Buchholz, heute einzustufen als einer der einflussreichsten und zugleich undurchsichtigsten Kunsthändler des 20. Jahrhunderts, und seinem jüdischstämmigen Mitarbeiter Curt Valentin hat die Sintenis wieder engagierte Vertreter mit internationalen Kontakten zu Museen und Sammlern. Valentin, der nach den »Rassegesetzen« der Nationalsozialisten als »Volljude« galt, blieb bis zu seinem Ausschluss aus der Reichskammer der bildenden Künste 1936 bei Buchholz tätig. 1937 emigrierte er nach New York und gründete die Buchholz Gallery Curt Valentin. Mit erfolgreichen Verkäufen der *entarteten* Kunst in die USA beförderte er so den Durchbruch der Moderne auf dem amerikanischen Markt.

Renée ist die am häufigsten in den Listen der Galerie genannte Künstlerin, in den Eröffnungsausstellungen der Buchholz'schen Expansionen in Bukarest, im franquistischen Spanien oder in Lissabon ist Renée Sintenis vertreten. Seit Beginn der 1930er-Jahre konzentrierte sie sich ganz und gar auf die Tierwelt. Da sind ihr neugeborenes Fohlen, das Fohlenpärchen, ein Junge nackt, ohne Sattel reitend, sein Pferd wie aus dem Galopp bremsend mit einem liebevollen Griff in die Mähne, ein junger bellender Hund. Aufträge für Porträtarbeiten bleiben jedoch aus. Ihre Hinwendung an die junge, ungezähmte Tierwelt kommt geradezu dem Statement einer Friedensbotschaft nahe, einer klaren Absage an den Heldenmythos.

Renée Sintenis wurde Mitte der 1930er-Jahre in einem Zeitungstext zu ihrer Kunst befragt: »Warum ich gewissermaßen im Taschenformat schaffe? ... Gerade die Größe der Liebe, die alle, die meine Sachen erwerben, und ich, die ich sie schaffte, zu den Tieren haben, fordert das kleine Format. Ich will nicht, dass meine Gestaltungen durch Monumentalität wirken; der Blick soll auf das Innere des dargestellten Gegenstandes gelenkt und darin gefangen werden, statt sich im Außen zu verzetteln. Es gehörte nicht zum schönsten meiner Lehrjahre, dass ich damals gezwungen war, Figuren von riesenhaftem Umfang herzustellen!«

Ihr einstiges Idol Georg Kolbe führt Aufträge aus wie den *Zehnkämpfer*, 1934 fertiggestellt für das Berliner Reichssportfeld. Zwar gilt er als Repräsentant der Weimarer Republik, der die Büste von Friedrich Ebert schuf; sein Heine-Denkmal in Frankfurt am Main, das Rathenau-Denkmal in Berlin und auch die Statue im Berliner Opernhaus entfernten die neuen Machthaber. Dagegen findet sein *Kriegerehrenmal* für Stralsund, 1935 vollendet, ein positives Echo in der nationalsozialistischen Presse. Für das Luftwaffendenkmal in Lüdenscheid entsteht 1937 sein *Herabschreitender*; sein *Großer Wächter*, seine *Verkündigung* oder sein *Menschenpaar* für den Maschsee in Hannover sind Auftragsarbeiten des Regimes. Von 1937 bis 1941 kann Kolbe sieben Plastiken auf den *Großen Deutschen Kunstausstellungen* in München ausstellen. Seine Bronzen schmücken Wehrmachtskasernen. 1939 schafft Kolbe eine Porträtbüste des spanischen Diktators Franco, die Adolf Hitler im gleichen Jahr zum Geburtstag überreicht wurde. Dieser bedankte sich »herzlich für die von Georg Kolbe geschaffene Bronzebüste des Generalissimus Franco.«

Dem Kampf und dem Sieg gehört die nationalsozialistische Plastik. Neben dem Schwert dient die hoch erhobene Fackel als Zeichen für Aufbruch, Gesundung, Hoffnung, Kriegsbereitschaft. Der allgegenwärtige Reichsadler späht angriffslustig ins neue Reich. Schlanke Proportionen und leichtfüßig-labile Haltungen, wie sie die Sintenis produziert, werden als »undeutsch« abqualifiziert – und dennoch verkauft sie gut über Buchholz. Als undeutsch gelten in der Plastik zerklüftete, aufgeraute Oberflächen. Glatt und gestählt müssen die Körper erscheinen. Rodin gilt als formzerstörerisch, die moderne Plastik mit ihrem abstrahierten Menschenbild wie bei Barlach, Belling oder Lehmbruck gehört zu den zu bekämpfenden Strömungen. Bildhauer wie Arno Breker oder Josef Thorak, Letzterer ließ sich von seiner jüdischen Frau scheiden, sind bestbezahlte Staatskünstler. Grundsätzlich unterliegen die Malerei wie die Plastik im *Dritten Reich* dem Geschmack des ehemaligen Postkartenmalers Adolf Hitler.

Hitler ist überzeugt, die Künste seien ein Beweis für die Kreativität der von ihm geführten arischen Rasse – ein Spiegel seiner Macht: »Indem wir diesem ewigen nationalen Genius huldigen, rufen wir den großen Geist der schöpferischen Kraft der Vergangenheit her in unsere Gegenwart.« Unzählige Hitler-Porträts entstehen: als teutonischer Ritter in der Schlacht, als Grandseigneur mit Spazierstock, meist jedoch in Uniform, den Blick starr auf das Ziel, den Sieg, gerichtet.

Die offizielle Kunstpolitik sucht die Flut der bebilderten Gebrauchsartikel einzudämmen. Verkaufsschlager wie Hakenkreuzaschenbecher oder Hitler-Pralinen werden verboten, doch der Markt präsentiert immer wieder neue Nutzungsmöglichkeiten der Embleme. Künstlern, »die mit einem gewaltigen Aufwand schauerlicher Mittel grässliche Bilder von Aufmärschen oder gar allegorische Darstellungen unserer Führer fabrizieren«, gehörte laut Goebbels *Angriff* unter dem Titel »Was ist nationaler Kitsch? Hohn und Gefahr« Einhalt geboten.

Die Kunst soll das Schöne, Reine, Gesunde repräsentieren und hat sich institutionell im Machtapparat als Propagandamittel einzuordnen. Auf den Großen Deutschen Kunstausstellungen ersticken die Betrachter in bäuerlichen Szenen und Landschaftsmalerei.

Bei Buchholz laufen die Geschäfte im gewohnten Maße. Wieder und wieder berichten die Angestellten von Verkäufen der Kunstwerke aus der oberen Etage der Buchhandlung: »Es bahnen sich lauter hübsche Dinge an. Es ist erstaunlich, für was die Menschen sich entscheiden, mir manchmal ganz unverständlich. Oft hat man doch das Gefühl, dass es vorwiegend eine Geldanlage sein soll. Aber es sind ja auch wirklich gute Dinge darunter, die Bewegung um die Sintenis-Tierchen herum und dann Barlach und Marcks«, so eine Mitarbeiterin. Und vom

Beginn des Jahres 1939 heißt es: »Frau Göring war gestern hier und möchte ein Bild von Ringelnatz kaufen, wir haben schon mit Frau R. darüber gesprochen. Hermann Hesse würde einen Verkauf seiner Aquarelle erlauben, wenn wir ihm Bezahlung auf dem Clearingwege ohne Kürzung versprechen können. Er ist rührend niedrig im Preis und hätte es wohl auch sehr nötig, der Gute! Edith Schulz.«

In seinem Neujahrsaufruf für das Jahr 1940 erklärt Reichskanzler Adolf Hitler, dass der Zusammenschluss des deutschen Volkes im Großdeutschen Reich »der anderen Welt nichts geraubt und in nichts geschadet« habe. Das Deutsche Reich präsentiert sich als wiedererstarkte Großmacht.

Mit Beginn des Jahres 1940 verstärkt Renée die Brieffreundschaft zu der Zimmerwirtin Anita Warncke auf Sylt. Aufgrund »politischer Unzuverlässigkeit«, in Ablehnung der Blut-und-Boden-Ideologie, war Anita als Leiterin des Pflegeamtes Schwerin entlassen worden und führt nun gemeinsam mit ihrer Freundin Ingrid Jäger die Pension »*Weißes Haus*, Ruf: Westerland 711. Gepflegte Privatpension – 12 Betten. 4 Aufenthaltsräume. Bibliothek.« An Anita sendet Renée aus Berlin in tagebuchartigen Reflexionen Briefe. Zuerst noch mit »Fräulein Warncke« angeredet, wird die ferne Freundin bald zur »Liebsten Anita« – das »Sie« jedoch bleibt bestehen.

Ein Wiedersehen mit Anita und der Insel gehört nach Kriegsbeginn 1939 zu den großen Wunschträumen der Sintenis. Am 7. Januar 1940 berichtet sie von ihrer Wohnung in der Privatstraße zwischen Potsdamer- und Lützowstraße, umgetauft in Bissingzeile, mit den »fünf

97

Meter hohen Räumen, unten verreist, oben ausgezogen ... alles andere ist nur durch unsere bekannte heroische Haltung tragbar. Ich bin am Fertigmachen der Gipsgüsse der Tiere, wo ich Ihnen Aufnahmen schickte. Es ist eine elende und anstrengende Sache, jedes Mal wieder, und nun hoffe ich, dass es mit dem Gießen in Bronze noch ein Weilchen gehen wird, bis die neuen Steuern die Kauflust endgültig hemmen werden, denn was dann wird, wissen die Götter. Gestern habe ich das im Kriegsschlaf stehende Wägelchen besucht, es ist kaum auszudenken, dass ich damit noch diesen Sommer nach Kampen gefahren bin, was für eine Ewigkeit liegt wieder dazwischen, und wie und wann werde ich da mal wieder hinkommen, jetzt, wo auch das Eisenbahnfahren zu den gewagtesten Unternehmungen gehört?«

Die Kriegsjahre beginnen auch für das Ehepaar Sintenis/Weiß mit Entbehrungen. Ende Februar 1940 schreibt Renée: »Sie werden lächeln über meine Tiersorgen, wo Sie den Kopf so voll mit Menschensorgen haben, aber das Leben ist halt komisch. Hier sind die Leute alle ungeheuer optimistisch und schwören darauf, dass wir's schaffen mit Leichtigkeit und bald. Das Tauen ist schon wieder vorbei, 8 Grad Frost, das kommt einem aber auch warm vor. Ich habe viel Raum und soll arbeiten und kann doch nicht und zwingen geht immer schief.«

Auch auf der Ferieninsel Sylt wachsen die Bunker und der Lister Flugplatz wird zum Fliegerhorst, 10.000 Soldaten sollen stationiert werden. Was zählt, ist die kriegswichtige Lage der Insel als ein Vorposten in der Nordsee. Sylt wird Sperrgebiet und der Fremdenverkehr kommt so gut wie ganz zum Erliegen. Renée Sintenis schreibt am

4. März 1940: »Ich bin ganz kaputt von Ihren Nachrichten über die Häuser und Rollfelder. Die schönen Häuser sollen weg und aus ist's mit Kampen. ... Schreiben Sie doch alle an Göring und klagen Sie Ihr Leid, hier schreiben sie immerzu wegen allem Möglichen, Kohlennot und Essen etc. und bekommen auch Antwort. Hier ist die Menschheit sehr optimistisch, und wenn die Tatsache allein maßgebend wäre, dass es nicht mehr lang bis zum Frieden ist, dann wäre ich auch mit optimistisch. Wenn ich aber weiterdenke als nur bis zum Wort Frieden, dann kann ich leider nicht mehr sein und glaube, dass ich, d. h. meine Generation, nicht mehr die Nase aus dem Maulwurfshaufen wieder wird herausstecken können. Und trotzdem ist dieser idiotische Selbsterhaltungstrieb da, der einen jeden Morgen wieder aufstehen und weiteres kriechen macht und einen hoffen macht, dass man sich vielleicht doch täuscht.«

Mit ihrem *Großen Vollblutfohlen*, staksig, lebendig, mit flatternder Mähne und aufgerauter Oberfläche, verlässt die Sintenis wieder einmal ihr bekanntes Kleinformat; sie kann ein letztes Mal in Bronze gießen lassen. Ein Jahr später fühlt sie sich gänzlich ihrer Arbeitsmöglichkeiten beraubt. Die Gießerei stellt kriegsbedingt den Betrieb um, die Kirchenglocken werden als Opfer der Rüstung eingeschmolzen. Die Kriegsmaschinerie will gefüttert werden.

Während Renée in Berlin zunehmend mutloser die Entwicklungen in ihrem tagebuchartigen Briefverkehr mit der Sylter Freundin registriert und ihr Rettung oder Flucht vor dem scheinbar Unausweichlichen immer unmöglicher erscheinen, sucht und findet Emil Rudolf

Weiß in der sommerlich-mediterranen Landschaft am Bodensee seinen Frieden. Endlich fasst Renée Sintenis einen Entschluss: Sie reist per Bahn an den Bodensee und trifft am 19. August bei ihrem Mann in Meersburg ein.

Er bewohnt nahe der Burg, in der die Dichterin Annette von Droste-Hülshoff lebte und starb, ein Quartier mit Seeblick. Nachts blinken die Lichter der nah liegenden Schweiz in den Wellentälern des sich schnell erwärmenden Bodensees auf. Auf der gegenüberliegenden Seeseite in Altnau, Güttingen, Kesswill, Romanshorn, Egnach, Arbon setzen die Schweizer alle Leuchtmittel in ihren Häuser ein, um sich während der Fliegerangriffe vom verdunkelten Deutschland abzuheben.

An Anita schreibt Renée Ende August 1941: »Meersburg Bodensee, Weiß bei Laur, Uhldingerstraße 15. Ab Bamberg, Würzburg geht es diesem ganzen Süddeutschland so unvorstellbar gut, sind die Menschen so knallgesund und ohne Nerven, dass im Grunde Keines anders lebt als immer, und dass ich jetzt verstehe, dass allgemein mit Seelenruhe noch auf 2–3 Jahre Krieg gerechnet wird.«

Zum 1. September 1941 wird die *Polizeiverordnung über die Kennzeichnung der Juden* veröffentlicht. Beschämt und irritiert wie beim Anblick eines unheilbar Kranken wendet man sich ab von denen, die den gelben Stern tragen. *Abbefördert, ausgesiedelt, umgesiedelt, evakuiert* oder *zur Abwanderung gebracht* heißt es und jeder weiß um die Bedeutung. Noch schützt Renée der Ehebund mit ihrem als »arisch« eingestuften Mann.

Im Jüdischen Krankenhaus in Berlin stirbt die sechzigjährige Betti Flechtheim am 15. November 1941 nach einer Überdosis Veronal und entgeht der drohenden Deportation. 1936 ließen sich Bertha und Alfred Flechtheim scheiden, um das gemeinsame Vermögen vor der *Reichsfluchtsteuer* zu schützen. Als ihr Mann 1937 nach Sturz und Amputation an einer Sepsis erkrankte, flog Betti sofort nach London und blieb bis zu seinem Tod an seiner Seite. Mit ihrer Rückkehr nach Berlin-Wilmersdorf erfasste sie die staatliche Verfolgung: Sie musste finanzielle Sicherheiten für die *Reichsfluchtsteuer* ihres Mannes hinterlegen, für die *Judenvermögensabgabe* etwa 70.000 Reichsmark entrichten sowie Schmuck- und Wertgegenstände an die Städtische Pfandleihanstalt Berlin geben. Sowohl ihr bedeutsames Vermögen als auch die Flechtheim'sche Kunstsammlung zog der nationalsozialistische Staat ein. Bertha Flechtheim wurde auf dem Jüdischen Friedhof in Berlin-Weißensee beerdigt.

Das zerstörte Messel-Palais mit der Atelierwohnung des Ehepaars Weiß/Sintenis, Kurfürstenstraße 126

Der Gestank nach Krieg

Noch konnte in der Galerie Buchholz eine Einzelausstellung des schwulen Fotografen und Dandys Herbert List stattfinden, dann wird die Galerie von den NS-Behörden geschlossen. Karl Buchholz, er vertreibt seit Dezember 1940 Kunst über seine Dependance in Bukarest, streckt seine Fühler ins franquistische Madrid aus.

Am 5. März 1942 schreibt Renée an Anita Warncke auf Sylt: »Inzwischen hat man meinem Buchholz die Kunstabteilung zugemacht wegen seiner in den letzten Jahren bekundeten Einstellung zur Kunst. Es tut mir weiß Gott sehr leid, trotzdem es für mich im Moment nicht wichtig ist, weil ich ja doch keine Broncen mehr habe. Ich bitte Sie, nicht darüber zu sprechen, weil er guter Hoffnung ist, bald wieder aufmachen zu können. Aber mit was für Künstlern dann, das ist doch recht interessant?«

Ihre Briefe an Anita aus dieser Zeit schwanken zwischen Depressionen und Zynismus. Sehr genau schildert Renée ihren Alltag, vielleicht auch, um ihm zu entfliehen. Anita beginnt, Päckchen mit Lebensmitteln nach Berlin zu senden. Mit kindlicher Freude macht sich die Sintenis ans Auspacken der Wundergaben von der Insel: Schwarzbrot, lange haltbar, so wie es an der Küste gebacken wird, Selbstgeschlachtetes in verschweißten Dosen.

Blumenzwiebeln, Hyazinthen, die am 20. März zum Geburtstag ihre bunten Köpfchen hervorrecken sollen, und Samen ihrer Lieblingsblume Phlox, getrocknet nach den Spätsommertagen auf Sylt. Renée schreibt am 19. März 1942 an Anita: »Wir haben seit ein paar Tagen eine Art Frühling, scheußlicher geht es kaum. Da es so gut wie keine Straßenreinigung mehr gibt, so schmelzen hier die schwarzen Schneehaufen wie sie wollen und stinken derart gen Himmel, dass man nur Pest einzuatmen glaubt. Na, wie sollte es auch anders sein. An alle Luftschutzkeller werden mit großer Eile gasdichte Türen und Ventilationen angebracht, was mich nicht interessiert, da wir sowieso keinen haben, ich meine einen Keller. Und hätten wir einen, ginge ich ja auch nicht rein.«

Knapp zwei Monate später, am 10. Mai, berichtet sie der Freundin: »Freitag war ich ›über Land‹, wie man hier sagt. Für eine Strecke von 40 km brauchte ich drei Stunden hin und beinahe ebenso viel zurück. Aber ich kam immerhin mit Kartoffeln. Erschütternd sahen die Felder aus, keine Wintersaat und keine Sommersaat, der blanke Wüstensand, alles eingehüllt in Treibhauswolken. Alles verdorrt und die Kleingärten, in denen sie emsig herumbuddeln, haben keine Samen, um nun was zu säen.«

Nur wenige Tage später schreibt sie: »Nach Tisch versuche ich seit einiger Zeit, in den Zoo zu entfliehen, um wenigstens zum Zeichnen zu kommen. Man trifft dort auf die Legionen der Kinder der Kriegerfrauen, die sich dort von morgens an aufhalten, und es ist schwer, die Laune zu behalten. Zumal die Tiere alle wie narkotisiert wirken, ob von den grausigen Menschenmengen oder vom Hunger, oder von beidem, das weiß ich nicht. Sie machen genau denselben Eindruck wie die Menschen, die sich auch von den jetzt einsetzenden Sondermeldungen nicht aus ihrem Tran herausbewegen lassen. Sehr traurig.«

Seit einem Jahr steht am Zoo ein riesiger Flakturm, überdimensionierter Sockel für Geschütze, mit den Ausmaßen von 50 mal 50 Metern. Zwei Kellergeschosse mit Munitions- und Lebensmitteldepots, das Erdgeschoss plus vier Etagen: In dem 40 Meter hohen Gebäude sollen 8.000 Zivilisten Schutz finden. Es flüchten mehr als doppelt so viele in den Bunker und drängen sich in den Treppenaufgängen. In der zweiten Etage lagern Kunstschätze aus den Berliner Museen, darunter der Schatz des Priamos.

Renée berichtet Anita am 25. Mai 1942, dass sie sich mit dem Lesen von Reisebeschreibungen bei Laune hält: »Das nimmt einem die Gegenwart etwas weg und man freut sich, dass die Erde doch noch rund ist und es auch bleiben wird. Man ist so bescheiden geworden.«

In der Nacht vom 6. auf den 7. November 1942 stirbt der siebenundsechzigjährige Emil Rudolf Weiß in Meersburg an einem Herzinfarkt. Renée ist nun ganz auf sich gestellt. Ihre *Mischehe*, durch den Tod ihres Mannes aufgelöst, kann sie nicht mehr schützen. Nach der Beerdigung kehrt sie zurück nach Berlin. Nur das Lenchen, Magdalena Goldmann, der Hund und das Pferd bleiben ihr. Auf der Trauerkarte für »E R Weiß« schreibt Renée Sintenis nach Sylt: »Liebe Anita, ich komme eben aus Meersburg zurück, später kann ich dann wohl ausführlicher schreiben. Der Peter ist vom Schlaf nicht wieder aufgewacht und er war vergnügt und zufrieden und hat nichts gemerkt. Ihre Renée.«

Ende Februar 1943 fahren leere Pritschen- und Lastwagen – eskortiert von bewaffneter SS – durch die Stadt, sie halten vor den Fabriktoren, vor den Miets- und Privathäusern. Männer, Frauen und Kinder werden hinausgekarrt, kaum jemand wehrt sich, kaum jemand hilft. So unglaublich wirkt das Szenario, wie ein schlimmer Traum, der trotz des sehnlichen Wunsches des Schläfers in seiner Unausweichlichkeit kein Ende nimmt.

Nachbarschaftliche Denunziationen sind an der Tagesordnung. Die Situation für die noch legal in Berlin wohnenden Juden wie auch für die untergetauchten spitzt sich zu. Die Polizei beschäftigt sich hauptsächlich mit dem Öffnen und Schließen von *Judenwohnungen*, das Amtsgericht erstellt Quittungen für Wertgegenstände deportierter Juden.

Den bisher schwersten Luftangriff erlebt die Stadt am 1. März 1943: Etwa 700 Tote und 65.000 Wohnungslose werden verzeichnet. Zwischen 21.39 Uhr und 23.50 Uhr werfen 251 Maschinen der Royal Air Force 35 Luftminen, 191 Sprengbomben, 38 Flüssigkeitsbrandbomben und 300 Leuchtbomben über Berlin ab. Unter den Trümmern Schreien und Wimmern, die Stadt liegt in Brand. Mit irrem Blick stolpern die Ausgebombten durch die Straßen.

Man schafft, man werkelt, man hängt Gardinen an die neuen Fensteröffnungen, die die Bomben in die Mietshöfe gerissen haben. Man lässt sich nicht unterkriegen. Man holt die Toten unter den Trümmern hervor und die an ihrer Sträflingskleidung zu erkennenden KZ-Häftlinge räumen die Blindgänger fort. Ratten huschen unter den Trümmern umher und in den Brandgeruch mischt sich der der Verwesung. Die Kanalisation arbeitet längst nicht mehr. Über allem lagern der Rauch und der Geruch der Exkremente, der Leichen. Wochenlang kleben die gleichen Kleider auf der Haut. Renée und das Lenchen stehen an mit ihren Brotmarken, in der Schlange beim Wasserholen als Bombenfutter für die Tagesangriffe.

Am 5. März 1943 entzieht sich Martha Liebermann, die 85-jährige Witwe von Max Liebermann, ihrer Deportation durch eine Überdosis Veronal und stirbt fünf Tage später im Jüdischen Krankenhaus, ohne das Bewusstsein wiedererlangt zu haben.

Wie durch ein Wunder bleibt Renée die Deportation erspart, aber sie muss immer wieder Befragungen und Kontrollen über sich ergehen lassen: »Sonntag 18.4.43 … Ich sitze weiter bis zum Hals im Nachlass und wenn mir auch schon manches gelungen ist, so werden die Schwierigkeiten täglich größer, weil die Kräfte viel schneller nachlassen, als der Berg der zu erledigenden Arbeiten. Dazu hagelt es Verordnungen, Listen, Fragebogen, Kontrollen, alles unter dem Vorwand Krieg und Bombenbeschädigter, in Wahrheit aber um das Ziel zu erreichen, dass keiner in Deutschland mehr als ein Zimmer haben dürfe. Mein Umzug ins Atelier macht nur im Schneckentempo Fortschritte, es gibt keinerlei Hilfe, keine Handwerker, nichts und es ist für mich allein wirklich zu viel … Ein Atelier und zwei Nebenräume, da könnte man allein bleiben mit dem Lenchen, auch wenn sie in die Fabrik muss, was ja wahrscheinlich ist. Aber es ist noch nicht so weit und vorläufig sitze ich hier zwischen Kisten und Bücherstapeln auf der Erde und weiß nicht, wie anfangen. Ich wage mich morgens nicht aus dem Bett heraus aus Panik vor dem Tage. – Aber die Schnüffelei jetzt und das ins Hauskommen der fremden Leute zur Nachfrage und Kontrolle, das ist furchtbar. Was sie nun hier mit der im Aufbruch befindlichen Wohnung machen werden, das steht im Belieben des Blockverwalters, wir werden's schon sehen. Wann ich umziehen kann, weiß ich nicht, vorläufig habe ich noch nicht mal Verdunkelung fürs Atelier! ... Individuum gibt es nicht mehr, die persönlichen Schicksale sind gleichgültig und unerwünscht, und die ersten, die unter diese Dampfwalze kommen, sind die, die sich über das Zeitgeschehen Gedanken machen und Sorgen.«

Karl Buchholz expandiert indes weiter: In Lissabon eröffnete er am 23. Juli 1943 die Livraria Buchholz, Avenida da Liberdade 50–52. Gut besuchte Straßencafés liegen links und rechts der Buchhandlung auf einem großzügig breiten Trottoir, hinter Palmen und Laubbäumen das schwarze Rauschen der Automobile. Während der Militärdiktatur unter António de Oliveira Salazar geht Portugal mit den Deutschen wie mit dem Franco-Regime in engen Schulterschluss. Karl Buchholz präsentiert Gerhard Marcks, Karl Hofer und Renée Sintenis erstmals dem portugiesischen Publikum. In seinem Buchladen warten verbotene Werke wie die von Simone de Beauvoir auf Käuferschaft.

Renée Sintenis ist mit der Haushaltsauflösung in der Bissingzeile 16 und dem Umzug ins Atelierhaus von Emil Rudolf Weiß nach Berlin W 62, Kurfürstenstraße 126, überfordert. Wieder sagt die Spedition ab, verbrennen bereits untergestellte Kisten mit wertvollen Büchern in der Hitze der Bomben, »also nichts mit wegschaffen«. In dem 1890 von dem Großstadtvisionär Alfred Messel erbauten

Atelierhaus leben, gemäß der Erinnerung des Sohnes von Max Pechstein, die Bildhauerin Hanna Cauer, der Maler Wolf Hoffmann, die Schauspielerin Karin Evans, der Maler und Freund von Emil Rudolf Weiß, Heinrich Graf Luckner und seine Frau Gina, Frau von Schilling, ehemalige Hofdame des letzten deutschen Kaisers, die Maler Arthur Kampf und Arthur Degner. 105 Stufen geht es hinauf zum Atelier von Emil Rudolf Weiß, auf dem Dachgarten wachsen inzwischen Unkraut und wilder Wein. Vergeht einmal eine Nacht ohne Alarm, ist der Schlaf dennoch unruhig und kurz. Die Sirenen schrauben sich in die Träume, verdächtig erscheint die plötzlich einsetzende Stille.

»… nur grenzenlos schlaflos …«
Renée Sintenis, gezeichnet von den Entbehrungen
der Kriegsjahre

Ein so kapottes Herz

Am 3. Mai 1943 berichtet Renée Sintenis Anita von einer »Serie von Aufträgen (2) Zeichnungen (zwei Porträtköpfe, 10 Zeichnungen und ein Signet) und zwei verschiedene Porträts von Buben, ganz schön, aber schwerer als schwer. Und man denkt, es doch machen zu müssen, trotzdem es fast unmöglich ist! Dazu ein so kapottes Herz, dass es schon wieder komisch wird.« Es handelt sich um das Knabenbildnis Uexküll und um den Sohn von Muschelkalk, Norbert Gescher, hergestellt in Gips. Angesichts der Menschen, die heimatlos herumirren, angesichts der Trümmer und Brände fragt sich Renée, ob die Kunst überhaupt noch geachtet wird, ob sie noch Sinn ergibt. Die Rentenzahlungen ihres Mannes sollen an sie gehen, doch ob die Banken noch arbeiten, weiß keiner.

Am 19. Juni erklärt Goebbels Berlin für *judenfrei*. Von ca. 78.000 Juden, die 1939 in Berlin lebten, sind nach den Verhaftungswellen – der letzten im März 1943 – nur noch etwa 6.700 zu vermuten.

Die Stadt trägt ihr zerfallenes Kriegsgesicht, der ehemalige Glanz des Westens, funkelnd wie ein falscher Brillant am Finger einer abgetakelten Lebedame, ist dahin. Hotels, Bars, Kinos rund um die Gedächtniskirche liegen im rauchigen Zwielicht. Der bürgerliche Protz Unter den Linden will immer noch die Würde der Metropole wahren, doch das Parlament liegt verlassen, die Gesandtschaften sind längst geschlossen und das Brandenburger Tor sieht nur noch Flüchtende mit Handwagen, die Kinder notdürftig in viel zu große Mäntel gehüllt, von den Müttern mit einem Strick an ihren vorwärtsstrebenden, oftmals schwangeren Leib gebunden. Die Hochbahn, das Ost und West in Minutenschnelle verbindende Vorzeigestück der Moderne nach der Jahrhundertwende, liegt zerstört. Die zerfetzten Eisenträger ragen wie im Todeskampf gen Himmel, die Gleise sind verbogen, als hätte ein unwilliger Riese plötzlich wild stampfend die Lust am Spiel des Zerstörens verloren, um sich anderen Grausamkeiten zuzuwenden.

Der Sommer 1944 ist da, mit praller Sonne, doch im zerbombten Berlin schweigen die Vögel. Renée arbeitet an einem letzten Selbstporträt: Die Stirn zerfurcht, die Lippen geschlossen, in sich blickend und doch eine Anklage der Leidenden, mit dem Willen zu Aussage und Verschweigen zugleich. Der Kunstkritiker Paul Fechter: »Als die Arbeit fertig war, brachte sie sie zum Gießer, aber nicht zu Noack, dem Bronzegießer in Friedenau – Bronze war viel zu teuer –, sondern zu Hertel, der zunächst einmal eine Gießform und dann einen Gipsabguss herstellen sollte. Hertel übernahm die Arbeit … Wenige Tage später erfolgte ein Angriff, Bombentreffer, die Werkstatt, die Formen, die Abgüsse, alles war zerstört.« Der Bildhauer Richard Scheibe und der Gießer haben, so Fechter, Wochen später die unter Scherben unbeschädigt liegende Form wiedergefunden. Eine Rot-Kreuz-Krankenschwester, die aufgrund ihrer Funktion noch die Stadt verlassen darf, soll eine der zwei Terrakotta-Masken mit sich geführt und sie dem Sammler Dr. Karl Hansen übergeben haben.

Renée schildert Anita die dramatische Lage am 21. Oktober 1944: »... wir waren beinahe hin von einer Bombe. Nur weil sie in die Erde ging, konnten wir noch wieder rauskrabbeln. Wir hätten ›viel Glück‹ gehabt, sagt man. Übrig bleibt der Schrecken und endlose Handwerkerei, wie nun schon bald ein ganzes Jahr. Die Südseite des Hauses ist unbeschädigt, sodass wir weiter wohnen können. Aber es wird kalt und dunkel, früher Herbst. – Ich soll manches arbeiten, hauptsächlich Porträts, aber schwer, die Ruhe zu finden und nachher die Formerei ...«.

Die Mutterschaft taugt nicht länger als einziges »Schlachtfeld der Frau«. Auch die Frauen müssen nun in den »Volkssturm« wie die waffenfähigen Männer im Alter von sechzehn bis sechzig Jahren. Sie lernen die Flakgeschosse zu bedienen, um die englischen 2000-Kilo-Bomben abzuwehren, sie errichten sinnlose Panzersperren für den Endkampf um Berlin. Wer sich weigert, wird öffentlich gehängt.

Mit einer Postkarte ohne Datum – Aufdruck »Der Führer kennt nur Kampf, Arbeit und Sorge. / Wir wollen ihm den Teil abnehmen, / Den wir ihm abnehmen können« – sendet Renée ihren Dank für ein Päckchen und die Bestätigung, dass sie noch lebt, an Anita: »Hier unverändert innerlich und äußerlich, nur grenzenlos schlaflos, weil immerzu unten nachts und tags. Ich schreibe bald wieder, dies nur als Lebenszeichen. Bleiben Sie gesund und grüßen Sie alle Von Herzen, Ihre R«.

Die Rote Armee rückt vor in Richtung Berlin. Wer kann, ergreift noch jetzt die Flucht. Trotz aller Misere hält ihr Schaffen Renée Sintenis aufrecht. Am 21. März 1945 schreibt Renée an Anita: »Gestern hatte ich Geburtstag, der nachts im Keller anfing, über Tag im Keller ... weiterging und abends im Keller endete. Aber dass ich ihn überhaupt noch ›verlebt‹ habe, will ich als ein gutes Zeichen nehmen und sehen, ob es nicht überstehbar ist. Ich gebe mir auf jeden Fall die größte Mühe und ich habe das durch nichts zu begründende Gefühl, dass, wenn ich über den April und Mai herüberkomme, es sogar etwas leichter werden könnte.«

Durch die Ritzen der Fensterverdunkelung leckt das Morgenlicht. Die Bombenangriffe gehen am 24. April zum letzten Mal auf Berlin nieder, ein bitterer Abschiedsgruß. Die Eroberung der Hauptstadt beginnt. Die langen Straßenzüge liegen verlassen, Haus für Haus ist bis auf den Keller ausgebrannt. Nur die verkohlten Fassaden starren ins Nichts. Von Osten tönt schwerer Donner aus den Geschützen. Es ist, als dränge die ganze Stadt in ihrer Angst vor der Rache der Sowjets nach Westen. Sofern die Haus- und Wohnungstüren noch da sind, stehen sie offen. Wieder ist das Telefon tot, wieder tastet die Hand wie gewohnt am Lichtschalter, nichts. Stromsperre. Die Rote Armee schließt den Ring um Berlin.

Dann gibt es die letzte Sonderzuteilung an Lebensmitteln und niemand weiß, wann und ob es je wieder eine geben wird. Bedroht von russischen Tiefffliegern und unter Artilleriebeschuss stehen die Berliner Schlange. Nachdem die Rote Armee in der Woche zuvor am 16. April ihre Offensive in Richtung Oderbruch begonnen hat und die Schlacht auf den Seelower Höhen und in den Wäldern bei Halbe noch einmal das große Sterben brachte, glauben nur noch Fanatiker an den Endsieg. Auf dem Rathausvorplatz in Tiergarten werden in panischer Angst Akten verbrannt. Aus Bibliotheken entfernt man nationalsozialistische Schriften. Über den Frontverlauf in der Stadt gibt es nur Gerüchte, Moabit sei eine einzige Trümmerwüste und im Hansaviertel habe sich SS verschanzt, die nicht nur gegen den Feind, sondern auch gegen die eigene Bevölkerung kämpfe. Halbwüchsige Jungen hängen als Deserteure gebrandmarkt an den Laternenstümpfen auf der Bärenbrücke über der Spree. Die Berliner plündern die Lebensmitteldepots im Westhafen wie auch das Heeresverpflegungsamt gegenüber dem Schloss Bellevue.

In den letzten Apriltagen bricht jegliche Ordnung zusammen. Renée Sintenis flüchtet mit Lenchen aus dem brennenden Messel-Palais in der Kurfürstenstraße, mit nur einem Handkoffer und dem Terrier am Halsband. Die Flammen der Siegesfeiern der jungen Sowjetsoldaten fressen sich durch die offenen Fenster. Gähnend leer liegen nun die einst eleganten Etagen im Atelierhaus.

Eine seltsame Schuld bedrückt nicht nur Renée Sintenis. Es ist die Schuld, überlebt zu haben, seinen Puls in den Adern zu spüren, ein Gewissen und immer Hunger zu haben und das Wenige an Bleibendem zu umklammern.

Fast ermordet worden sei sie von Volksgenossen beim Streit um ein elegantes Feuerzeug, berichtet Renée Sintenis in einem ihrer Briefe an Anita Warncke. Nach Schätzungen der Berliner Amtsärzte wird jedes zweite Mädchen, jede zweite Frau vergewaltigt. Der Tiergarten liegt verödet, allen Kleinwuchs und alle Bäume verfeuerten die frierenden Berliner. Im nahen Zoo brüllen die überlebenden Tiere vor Hunger. Wie Mahnmale stehen zerschossene Panzer auf der ehemaligen Aufmarschstraße, der so großartig geplanten Ost-West-Achse. Am Dienstag, dem 8. Mai 1945, endet in Berlin-Karlshorst mit der Unterzeichnung der deutschen Kapitulationserklärung der Zweite Weltkrieg. Endlich werden auch die letzten deutschen Konzentrationslager befreit.

Renée Sintenis wird zusammen mit Lenchen eine kleine Wohnung im vierten Stock unterm Dach in der Innsbrucker Straße 23 zugewiesen. Beide stehen wie so viele vor dem Nichts. Aus der berühmten fotogenen Künstlerin mit Verkäufen und Verbindungen in alle Welt ist eine alte Frau geworden. Hohlwangig und gebückt steht sie um Wasser an, um Kohlen, um Lebensmittelzuteilungen.

Ich gehe nicht nach dem Westen.
Er kann zu mir kommen

Über den Trümmerschutt steigen die Berliner in die ersten improvisierten Kellerbars, löchrige Brotkörbe dienen
als Lampenschirmchen und der Jazz kocht heiß gegen die
ewige Kriegskälte in den bröckelnden Mauern. Manch
einer kommt zurück, aus der Armee, aus dem KZ, aus
dem Nirgendwo. Der DIAS, der Drahtfunk im amerikanischen Sektor, spielt den Berlinern Ella Fitzgerald,
Louis Armstrong, Fats Waller in ihre Behelfswohnun-
gen. Anstelle des gutturalen Zarah-Leander-Timbres in
Davon geht die Welt nicht unter und *Ich weiß, es wird
einmal ein Wunder geschehn* oder des Rühmann'schen
Das kann doch einen Seemann nicht erschüttern tönt jetzt
Summertime aus den Volksempfängern. Das Wiegenlied
aus der Gershwin-Oper *Porgy and Bess* summt überall in
der Luft, während in der sowjetisch besetzten Zone die
Bands ihrem tanzwütigen Publikum Kalinka mit Tango-
versätzen einpeitschen.

Berlin ist keine Stadt mehr, Berlin ist nur noch ein
Mythos. Pferde liegen halb ausgeschlachtet auf den zer-
störten Straßen, knöcherne Tiere mit räudigem Fell ziehen schwere Wagen voller Schutt. Aus dem Gedächtnis
schafft Renée Sintenis eine 10,5 Zentimeter kleine Plastik
ihres geliebten Pferdes *Flyer*, zudem entsteht in den ersten

»Äußerlich geht es mir besser als vielen ...«
Renée Sintenis mit Lenchen in ihrer Schöneberger Wohnung

Friedensmonaten ihr *Klagender Trümmerhund*, der gen Himmel heulend seiner Einsamkeit und Verzweiflung Ausdruck gibt.

Renée fühlt sich deplatziert, zwischen allen Stühlen. In der sich endlich wieder öffnenden Welt scheint sie gefangen und missverstanden wie in den zwölf langen Jahren zuvor. Die Kiste mit ihren Bronzen, wo ist sie? Vergraben auf einem Kirchfriedhof in der Uckermark? Haben die Russen die Modelle gefunden, was ist mit ihnen geschehen? Renée wünscht sich Karl Buchholz zurück, doch der sieht seine Geschäfte in Madrid, Lissabon und schließlich in Südamerika. Noch gibt es zwei seiner Dependancen in Berlin. Von den Angestellten, die früher freundlich mit der Künstlerin umzugehen verstanden, fühlt sich Renée Sintenis verraten. Niemand kann oder will ihr mitteilen, wo ihre Bronzen sind, auch Frau Buchholz, die sich und die Familie nach Süddeutschland rettete, schweigt auf die verzweifelten Anfragen von Renée.

Im Oktober und November 1945 stellt Renée Sintenis zusammen mit Louise Stomps, Paul Dierkes, Gottfried Kappen, Hans Uhlmann, Karl Hartung, Christian Theunert und Gustav Seitz in der Galerie Gerd Rosen, Kurfürstendamm 215, aus. Die Ausstellung *Plastiken und Bildhauerzeichnungen* wird kontrovers diskutiert. Renée Sintenis zählt bei dem engagierten jüdischen Galeristen, der in Wien überleben konnte, zu den Künstlerinnen der ersten Stunde. Gerd Rosen stand einst dem Antiquariat des Kaufhauses Westheim vor und belieferte u. a. auch Karl Buchholz. Beim wöchentlichen Diskussionsabend der Galerie kommt es zu offenen Aggressionen gegen die ungewohnten Formen der Kunst, die für ein gänzlich

anderes Lebensideal stehen als der Kleingeist im Größen-
wahn des diktierten Naturalismus.

Die *Tägliche Rundschau*, Berlin, zitiert am 8. März
1946 Aussagen von Renée zur Nachkriegssituation: »Man
muss sehr viel Geduld haben und sehr viel Liebe. Nie
darf man vergessen, dass die Jugend in den Jahren des
Hitlerregimes ja allem Schönen und Edlen entwöhnt
worden ist. Es ist eine unendlich schwere Aufgabe, diesen
in tiefster Seele enttäuschten Menschen eine neue Freude
zu lehren und ihren durch die Fülle von flachem Durch-
schnitt stumpf gewordenen Blick wieder hell und scharf
zu machen für wirkliche Kunst. Das kann man nicht
durch Massenschulung oder Erziehung zur Kunst erreichen, sondern nur subjektiv von Mensch zu Mensch.«

Intensiv beschäftigt sie sich mit dem, was in der Welt
geschieht: »Jede Macht korrumpiert. Der geistige Mensch
muss deshalb immer in der Opposition leben.«

Bei der im Mai 1946 eröffneten 1. Deutschen Kunstaus-
stellung im beschädigten Zeughaus Unter den Linden in
Berlin sind etwa 600 Plastiken und Bilder, darunter die
Klage von Käthe Kollwitz aus den Jahren 1938 bis 1940 und
Hofers 1945 entstandenes Gemälde *Frau in Ruinen* zu se-
hen: mehr eine Bestandsaufnahme des erlebten Grauens
denn ein Ausblick in die Zukunft. Auch die Sintenis ist
vertreten, neben Arbeiten u. a. von Barlach, Blumenthal,
Bruse, Ehmsen, Grundig, Kolbe, Lex-Nerlinger, Nagel,
Nerlinger, Pechstein, Scheibe, Strempel, Tappert und
Zeller.

In der Nacht vom 23. auf den 24. Juni 1948 gehen in
West-Berlin die Lichter aus, am frühen Morgen kommt

der Verkehr zum Erliegen. Nichts geht mehr. Die sowjetische Besatzungsmacht kapselt West-Berlin von der Außenwelt ab.

Am 16. Juli 1948 schreibt Renée an den befreundeten Schweizer Schriftsteller und Bühnenregisseur Albert Talhoff: »Seit dem Tod von E. R. W. vor sechs Jahren bin ich nicht eine Stunde aus Berlin heraus gewesen, damit ist wohl eigentlich alles erzählt? Kampen soll noch da sein, wahrscheinlich ist die übrige sichtbare Welt auch noch da, aber uns nützt das ja nichts. Klaus [Clara Tiedemann] soll das Haus noch haben, aber keine Gäste außer Familie, ich habe nie etwas von ihr gehört mehr. Auch Nolde nie wieder gesehen, der Alte mit seiner Helligkeit und mit den schönen Aquarellen. Ich habe das Berliner Schicksal grauenhaft erlebt und wirklich das gehabt, was bei den meisten nicht so wörtlich zu nehmen ist: alles verloren, obdachlos in den Ruinen, zusammengepfercht mit Fremden in einem kleinen Zimmer wochenlang, Hunger, Schmutz, keinen Kamm, keine Seife, Ruhr und alles Elend. Hier eingewiesen in eine kleine Wohnung, das Lenchen und ich, beide alleine Gottseidank. Eine Zeit der Hoffnung, dann aus. Tiere gibt es hier nicht mehr, ich habe ein Foto vom Zoo, einen Berg toter Elefanten übereinander. Von den Arbeiten ist einiges gerettet worden, was beim Gießer vergraben war, die Porträts und die größeren Arbeiten sind alle zerstört. Ich habe auch wieder gearbeitet, seit ich ein Dach über dem Kopf habe, ganz schön, glaube ich, aber die Wurzeln müssen verdorren, da hilft kein Beten. Ich habe Einladungen in die Schweiz zur Genüge, aber die Reise dorthin ist unmöglich für uns hier und für mich besonders, weil ich nicht lange stehen kann, auch mit Protektion ist jetzt nichts zu machen. Zu essen habe ich wirklich genug und die Miseren, die wieder auf uns herabsinken, kann man nicht wegschaffen, kein Licht, kein Gas, kaum mehr Verkehrsmittel, der letzte Kerzenstummel, kein Holz, keine Kohlen, das alte Lied, das langweilige. Das schöne Pferd, das ich bis zuletzt noch gehalten habe, ist durch Bomben tot. Mein rechter Zeigefinger ist ab durch Blutvergiftung und Phosphor. Es macht nichts fürs Arbeiten, Zeichnen und Schreiben, aber es war traurig. Ich habe noch ein Hundchen, wieder, die große Freude, die große Sorge. Er heißt Oskar und sieht etwas so aus wie der kleine in Starnberg. Es ist ein Cain Terrier. Bilder habe ich nicht. Das ist das letzte Selbstporträt, das ich gemacht habe während der Belagerung, es ist noch gerettet worden aus dem Schutt, es ist sehr ähnlich und man braucht weiter nichts zu sagen. Äußerlich geht es mir besser als vielen, auch weil das Lenchen da ist, mir viel zu helfen. Es ist sehr lieb, mir was zu schicken, aber ich habe wirklich zu essen, auch noch Medikamente, ich habe Husten und Galle leider. Wenn ich dumm bin, habe ich eigentlich nur Lust auf Luxus und wüsste doch nichts zu nennen, außer wenn es kleine Hundekuchen gäbe, die nach Fleisch schmecken für Oskar, das wäre ein schöner Luxus. Natürlich auch Camel, aber die kann man nicht schicken, glaube ich. Wenn man nicht dumm wäre und sich mit allem so plagte, wäre es schön einfach im Grunde. Es gibt ein altenglisches Sprüchlein, darin ist alles drin, finde ich: That I Spent, I Had / That I Gave, I Have / That I Kept, I Lost. Vielleicht muss man noch mal übrig bleiben, dann geht es später. Ausstellen drüben ist noch zu schwierig oder zu früh vielleicht, so viel Chauvinismus und das, was dort ist, ist zu wenig. Man müsste von hier schicken und das ist alles jetzt unmöglich. Ich habe mich sehr gefreut über Deinen Brief. Ich kann nichts Richtiges schreiben, aber ich schicke den Brief trotz aller Unzulänglichkeit, weil ich nicht besser kann. Von Herzen Renée«.

1947 wird Renée Sintenis mit dem Kunstpreis der Stadt Berlin ausgezeichnet. Von 1948 an unterrichtet sie Bildhauerei, ein Brotjob, der sie mehr fordert, als sie zugeben mag. Berliner Gören – mit weit schwingenden Röcken, spitzen Schuhen, die Jungs mit Pomade im Haar amerikanisiert –, große Kinder, die noch durch die Trümmerlandschaft krochen oder mit dem Rest der Hitlerjugend an die Front geschickt wurden, saugen jetzt begierig alles auf, was abstrakt ist, was modern klingt, was schlank und schnell ist wie die neue Jazzmusik. Sie haben eine übergroße, gebeugte, schweigsame Künstlerin aus fernen Zeiten mit amputiertem Zeigefinger und altersfleckigen Handrücken zur Lehrerin. Der herben Frau, die so wenig zu sagen weiß, fehlt das helle Neue, die Aufbruchsstimmung. Bekannt ist Frau Professor für ihre Tierchen. Ihre Masken vom expressionistischen Dichter Ernst Toller, der durch die Verbindung von Theater und Film eine neue Theatermaschinerie an der Piscator-Bühne initiierte und sich 1939 im New Yorker Exil das Leben nahm, von André Gide, Emil Rudolf Weiß, von Ringelnatz kennt kaum noch jemand.

In den Nachkriegsjahren erhält Renée Sintenis Besuch von dem früheren Weltrekordhalter im Staffellauf und

Großneffen Flechtheims, Alex Natan, mit dem sie in den 1920er-Jahren Bekanntschaft schloss, der *Querschnitt* brachte eine Fotoreportage über den Weltmeister und die Künstlerin. Der studierte Historiker und Jurist, schon 1933 emigriert, arbeitet inzwischen in England als Journalist und schickt ihr zur Durchsicht seinen Text: »Huldigung an eine Göttin. Wer zum ersten Mal nach vielen, vielen Jahren nach Berlin, der Stadt seiner Geburt und Jugend zurückkehrt, ist durch die Fülle der Eindrücke überwältigt, die beschrieben werden möchten. Die Augen vermögen nicht zu fassen, was einmal war. Die Ohren erleben ergriffen die schnoddrige Schönheit der Berliner Sprache. ... Ich habe in Berlin eine Frau aufgesucht, die durchgehalten hat, die das Fegefeuer erlebt und das irdische Gut verloren, die gelitten und gehofft hat und ... ausharrt, ohne den Syrenenklängen aus dem sybaritischen Westen zu folgen. Sie hat mich in dieser Stunde Berlin wiederfinden lassen wie es mir in den Jahren der eigenen Abwesenheit abhandengekommen war. Von dieser Frau zu sprechen, heißt das Hohe Lied der Hauptstadt selbst anstimmen. Während sie erzählt, bewundere ich erneut den vielgerühmten Kopf. ... Diana hieß sie damals und war eine moderne Inkarnation der keuschen stolzen Göttin ... Wer bewunderte nicht die unnahbare Größe ihres klassischen Profils? Noch immer ist diese Frau bezaubernd schön. Heute schimmert das graue Haar der Reife einer späten Antike. In den edlen Furchen des Gesichts wohnt das Leid großer Einsamkeit, die unter Trümmern stark geworden ist. In Ravenna gibt es im Museum eine spät-römische Gemme der Kaiserin Galla Placidia. So wirkt heute die Bildhauerin Renée

»Wer bewundert nicht die unnahbare Größe
ihres klassischen Profils?«
Die Sintenis mit Lenchen am Wannsee, 1950er-Jahre

Sintenis. Fassungslos höre ich ihren kühlen Bericht von den apokalyptischen Nächten, in denen sie schutzlos und ohne bleibendes Ziel herumirrte, ... Für den Besucher wird das Bild der irrenden Renée Sintenis zur Flucht aller schöpferischen Kunst vor den Furien des Banausentums. Der Blick des Gastes sucht die Hände, die zarteste Gebilde zu formen wussten, die Entzücken und sehr viel Freude an Schönem geschenkt haben. Dort auf einem Brett stehen die jüngsten Beweise einer vitalen Berliner Lebensbejahung. Zierliche Tierchen, fragile Beweise subtilster Empfindung, kräftige Hüteknaben von beschwingter Grazie, ein paar sportliche Sujets, von reifen Fingern geschaffen, bestätigen erneut die große Kunst dieser Frau. ›Ich gehe nicht nach dem Westen. Er kann zu mir kommen.‹ In diesen Sätzen spiegelt sich der gleiche klassische Stolz, der aus den Augen, von der Stirn über diese ganze Frau hinstrahlt.«

Zu Beginn der 1950er-Jahre wird Renée Sintenis zum »Ritter der Friedensklasse« des Ordens Pour le Mérite ernannt und mit der Verleihung des Großen Bundesverdienstkreuzes geehrt. Am 7. Februar 1955 schließlich wird sie wieder an die Berliner Akademie der Künste berufen, als Professorin. Doch ihre Traurigkeit und ihr verlorener Mut angesichts ihres sich weiter verschlechternden Gesundheitszustands zwingen sie schon am 8. Oktober desselben Jahres zur Emeritierung. Drei ihrer Studenten schließen ihr Studium ab, für zwei weitere hält Renée die Aufrechterhaltung ihres Lehramtes nicht für gerechtfertigt, will diese aber weiterhin persönlich betreuen.

Zehn Jahre später, am 22. April 1965, stirbt die Künstlerin mit 77 Jahren in ihrer Wohnung in der Innsbrucker Straße in Berlin. Ihren Weg nach Sylt fand sie nie wieder.

*Der Sintenis-Bär – Meilenstein und Symbol der bundesweiten
Kampagne für West-Berlin und gegen die deutsche Teilung
seit den 1960er-Jahren*

Das Erbe

Drei Sintenis-Bären grüßen im Westen, im Norden und im Süden an den Berliner Autobahnen, jeweils genau an der Landesgrenze platziert. Unverhofft recken die 1,60 Meter hohen Tierplastiken zwischen den Mittelleitplanken freundlich ihre Tatzen, seit 1957 steht die Bronzeplastik am ehemaligen Grenzübergang Dreilinden, der früheren Sektorengrenze. Der Bär wurde als Sintenis-Meilenstein zu einem wichtigen Utensil einer bundesweiten Unterstützungskampagne für West-Berlin, gegen die Teilung Deutschlands, u. a. weist neben den drei Berliner Bären seit 1960 ein Leitplankenbär auf der Autobahn München-Freimann in Richtung der Hauptstadt. Auf dem Grünstreifen am Ernst-Reuter-Platz in der Düsseldorfer Innenstadt steht ebenfalls ein Sintenis-Bär.

1932 hatte Renée Sintenis ihren jungen stehenden Bären mit 13,5 Zentimerern geschaffen, der so aussieht, als würde er gerade laufen lernen. Jedes Jahr gießt die Firma Noack in Berlin-Friedenau für die Berlinale den Sintenis-Bären in einer überarbeiteten Form als Trophäen und graviert die Namen der Gewinner der Silbernen und Goldenen Bären ein.

Ihren Nachlass vermachte die einsame Renée ihrem Hausmädchen Magdalena Goldmann, geboren am 19. August 1900, gestorben am 2. Februar 1981 in

Berlin. Als Alleinerbin gab diese ihren Besitz wie verein-
bart an die Neue Nationalgalerie in Berlin. Magdalena
Goldmann teilt das Grab auf dem Waldfriedhof Dahlem
in Berlin-Zehlendorf mit Renée Sintenis. Laut Testament
belief sich der Gesamtbetrag des »Renée Sintenis Fond« in
Verwaltung der Neuen Nationalgalerie auf 889.800 DM.
Aus dem Fond sollen laut Wunsch von Renée Sintenis
zeitgenössische Skulpturen angekauft werden.

»Ich bin ein dicker verdrießlicher, alter Mann geworden«, hatte Hans Siemsen 1946 aus New York geschrieben. »Ich fühle mich hier unglücklich, allein und fremd.
Ich bin so allein und einsam, wie ich es noch nie in meinem Leben gewesen bin. Ich will nach Hause, d. h. nach
Europa.« Nach der Rückkehr in sein Heimatland ver-
fiel Siemsen seiner Traurigkeit endgültig. Seine Lyrik-
sammlung *Wo willst du hin?* ließ er mit einem »Letzten Wort an den Leser« enden: »Böser und gefährlicher
als die Atombombe ist unsere Herzensträgheit.« Den
Rest seines Lebens zerfrisst der Alkohol. Fragte man ihn
während seines fünfzehnjährigen Aufenthalts im Otto-
Hue-Heim der Arbeiterwohlfahrt im Essener Stadtteil
Holsterhausen, ob er nicht Papier haben wolle, damit er
etwas schriebe, antwortete er mit großer Geste: »Nein,
nichts mehr.«

Alex Vömel stellte einen Entschädigungsantrag »für
Schaden an Eigentum und Vermögen« und »Schaden für
berufliches Fortkommen« aufgrund des Ausstellungs-
und Verkaufsverbots von 96 Skulpturen und Bildern.
Dieser Entschädigung wurde nicht stattgegeben.

Hans Hinkel, der Bearbeiter der Sintenis-Akte aus der
Reichskulturkammer, wurde am 5. Mai 1945 von den Al-

liierten in München gefangen genommen. Am 18. Oktober 1945 ging aus dem Hauptamt Theater-Film-Musik im Berliner Magistrat ein Schreiben beim Stadtrat für Volksbildung ein: »Hans Hinkel war SS-Gruppenführer und muss für die gesamte Kulturpolitik des dritten Reiches, für die auf diesem Sektor vorgenommenen Knebelungen, Verfolgungen, Todesurteile und Morde voll verantwortlich gemacht werden ...« Nach verschiedenen Gefängnisstationen wird ihm in Hildesheim 1951 der Prozess gemacht. Die Verhandlung endet, ohne dass festgestellt werden konnte, ob Hinkel ein »Gegner des Nationalsozialismus« war. Berücksichtigt wurde seine »Spätheimkehrerschaft« und die in »siebenjähriger Gefangenschaft erlittenen Misshandlungen«. Hans Hinkel gilt als Mitläufer.

Muschelkalk Ringelnatz, die in ihrem Briefverkehr stets darauf verzichtete, die Standardbriefmarken des Tausendjährigen Reichs mit dem Konterfei Hitlers zu benutzen, begann nach dem Krieg eine Karriere als Übersetzerin, u. a. von Marguerite Duras. Ihr Sohn Norbert Gescher aus der glücklichen Ehe mit Julius Gescher, ein dem Ehepaar Ringelnatz zuvor bereits bekannter Augenarzt, führte das Ringelnatz'sche Erbe fort. Neben seinen Schriften hinterließ Ringelnatz über 200 Ölbilder, Aquarelle und Zeichnungen. Die Provenienz seines aus der Nationalgalerie konfiszierten Gemäldes *11 Uhr nachts* konnte bis zu dem bei Charlotte Weidler in Berlin verborgenen Teil der Sammlung des Kunstkritikers Paul Westheim zurückverfolgt werden. Es befindet sich heute in den Bayerischen Staatsgemäldesammlungen. *Dachgarten der Irrsinnigen*, noch 1931 ausgestellt in der *Großen Berliner Kunstaustellung*, verkaufte die Galerie

Vömel 1972 an das Clemens-Sels-Museum in Neuss. Wie bei vielen der Ringelnatz-Bilder bleibt auch hier die Provenienz ungeklärt. Im Dezember 2004 erzielte sein lange als verschollen gegoltenes Gemälde *Hafenkneipe* auf einer Kunstauktion in München 43.300,– Euro.

Karl Buchholz kehrte nicht nach Deutschland zurück und eröffnete in Bogota eine neue Dependance; seine Tochter Godula erlernte den Beruf der Buchhändlerin und führte die Arbeit ihres Vaters fort.

Ein weiterer Neffe Alfred Flechtheims konnte nach England emigrieren. Heinz bzw. Henry Alfred Hulisch strengte 1951 ein Wiedergutmachungsverfahren an. Zum Zeitpunkt des Selbstmordes von Betti Flechtheim hingen in der Wohnung Bilder u. a. von Karl Hofer, Paul Klee, George Grosz, Henri Matisse, Claude Monet und Jean Renoir. Das Landgericht Berlin beschloss am 22. Mai 1954, der Wert in der Rückerstattungssache belaufe sich auf 20.400 DM. Die Privatsammlung Flechtheims, wie sie auf Fotografien aus seiner Wohnung ersichtlich ist, wird mit einem zweistelligen Millionenbetrag geschätzt.

Die Erben Alfred Flechtheims fordern von mehreren deutschen Kunstmuseen, die Werke aus seiner privaten Sammlung besitzen und ausstellen, Rückgaben. Der Gesamtwert der Kunstwerke u. a. in den Berliner Museen, im Kunstmuseum in Bonn, der Kunstsammlung NRW und des museums kunst palast in Düsseldorf, im Lehmbruck-Museum in Duisburg, im Städel in Frankfurt, in den Bayerischen Staatsgemäldesammlungen, in der Staatsgalerie Stuttgart oder im Von-der-Heydt-Museum in Wuppertal kann nur geschätzt werden. 2016 verklagten die Erben den Bayerischen Staat auf die Resti-

tution von 8 Kunstwerken mit einem geschätzten Gesamtwert von 20 Millionen Dollar.

Zu den Verlusten während der zwölf Jahre Nazi-Dik-
tatur gehören auch Werke von Renée Sintenis. Verloren
sind u. a. ihre Skulptur *Haarflechterin* mit der Datierung auf 1917, ihr *Spielender Hund* von 1930, ein *Liegen-
des Fohlen* von 1939, eine Fohlengruppe von 1938. Zudem
gelten als verloren: *Giraffe, Fohlen, Kalb*, ein Selbstporträt, ihr *Fußballer*, ein Guss ihres *Nurmi, Zwei Fohlen*,
ein *Springendes Fohlen*, ein Bronzefohlen, ein Reh, ein
Widder, ein Kamel, ein Füllen, ihre *Kleine Daphne* mit
der Datierung von 1918, ein Zwergesel von 1925, ihr *Esel
von Seelow* von 1927, ein sich kratzender Esel von 1933.
Als Provenienz in der Datenbank *Lostart* wird oftmals
die Beschlagnahmung durch die Gestapo aus den Privat-
wohnungen in Berlin als Grund der Verluste genannt.

Hans Siemsen schrieb in seiner Würdigung für Renée
Sintenis in der deutschen Ausgabe der *Vogue* vom 11. April 1928: »Es ist überflüssig, über Kunst zu schreiben, und
schamlos, mit sorgsam zugespitzten Worten an einem le-
bendigen Menschen herumzubohren. Ich will lieber eine
Geschichte erzählen. Eine Geschichte, die sich während
des Krieges tat. In irgendeinem französischen Dorf. In
der Bretagne oder in der Normandie oder irgendwo im
Süden. Eine alte Bäuerin, der man ihr Pferd wegholen
wollte zum Militär, entfloh mit dem Tier in der Nacht
vor dem festgesetzten Termin. Am anderen Morgen fand
man die Leichen der beiden im Fluss. Ich weiß nichts
weiter von dieser Bäuerin und ihrer Geschichte, nicht
mehr als das, was über solch einen Fall in den Zeitungen zu stehen pflegt. Aber ich glaube sie zu kennen, diese

große, hagere, starkknochige alte Frau, in ihrer einsamen Ferne vor den Toren des Dorfes, allein mit ihrem Pferd. Ich glaube, sie zu sehen, jene Nacht: das Licht in der Stube, das Licht im Stall und der Weg der Beiden zum Fluss hinunter. Lieber töten als verraten und verkaufen! Lieber sterben als sich trennen! Es ist Nacht. Die Leute schlafen. Die Beiden sind ganz allein auf der Welt. Eine alte Frau mit ihrem Pferd. Leidenschaftlich, einsam und groß.«

Dank

Mein Dank geht für viele Gespräche und tatkräftige Unterstützung an Frau Dr. Ursel Berger, ehemals Leitung des Georg Kolbe Museums, Berlin, Herrn Prof. Dr. Ottfried Dascher, Flechtheim-Experte aus Dortmund, und Frau Erika Fischer vom Joachim-Ringelnatz-Museum, Cuxhaven.

Ausgewählte Literatur

Recherchiert wurde im Georg Kolbe Museum, im Archiv der Neuen Nationalgalerie, in der Handschriftenabteilung der Staatsbibliothek, im Archiv des Kunstgewerbemuseums, im Landesarchiv, im Bundesarchiv, im Spinnboden Lesbenarchiv & Bibliothek e. V., im Privatarchiv von Norbert Gescher, Berlin, und im Literaturarchiv Marbach.

Barron, Stephanie (Hg.): Entartete Kunst. Das Schicksal der Avantgarde im Nazi-Deutschland. Hirmer, München 1992

Berger, Ursel: Von Begas bis Barlach. Bildhauerei im wilhelminischen Berlin. Georg Kolbe Museum, Berlin 1984

dies.; Ladwig, Günter (Hg.): Renée Sintenis, Das plastische Werk. Stein + Lehmann, Berlin 2013

Brenner, Hildegard: Die Kunstpolitik des Nationalsozialismus. Rowohlt, Reinbek bei Hamburg 1963

dies.: Ende einer bürgerlichen Kunst-Institution. Die politische Formierung der Preußischen Akademie der Künste ab 1933. DVA, Stuttgart 1972

Broszat, Martin: Die Anfänge der Berliner NSDAP 1926/27; in: Vierteljahreshefte für Zeitgeschichte 8/1960, S. 85–118

Buchholz, Godula: Karl Buchholz, Buch- und Kunsthändler im 20. Jahrhundert. DuMont, Köln 2005

Buhlmann, Britta: Renée Sintenis. Plastiken, Zeichnungen, Druckgraphik. Georg Kolbe Museum, Berlin 1983

Cherdron, Anja: »Prometheus war nicht ihr Ahne« – Berliner

Bildhauerinnen der Weimarer Republik. Jonas Verlag, Marburg 2000

Comité des Délégations Juives (Hg.): Das Schwarzbuch. Tatsachen und Dokumente. Die Lage der Juden in Deutschland 1933. Ullstein, Berlin 1983

Crevel, René: Sculpteurs Allemands. Renée Sintenis. Gallimard, Paris 1930

Dascher, Ottfried: Die Ausgrenzung und Ausplünderung von Juden. Der Fall der Kunsthandlung und des Kunsthändlers Alfred Flechtheim, in: Abelshauser, W. u. a. (Hg.): Wirtschaftsordnung, Staat und Unternehmen. Neue Forschungen zur Wirtschaftsgeschichte des Nationalsozialismus. Klartext, Essen 2003

ders.: »Es ist was Wahnsinniges mit der Kunst«. Alfred Flechtheim. Sammler, Kunsthändler, Verleger. Nimbus Verlag, Wädenswil 2011

Feilchenfeldt, Rahel E.; Raff, Thomas (Hg.): Ein Fest der Künste. Paul Cassirer. Der Kunsthändler als Verleger. C. H. Beck, München 2006

Flechtheim, Alfred: Tagebuchblätter, in: Neue Deutsche Hefte, 135, Jg. 19, H. 3, 1972

Alfred Flechtheim. Sammler. Kunsthändler. Verleger. 1937. Kunstmuseum Düsseldorf, Düsseldorf 1987

Fleckner, Uwe (Hg.): Angriff auf die Avantgarde. Kunst und Kunstpolitik im Nationalsozialismus. Akademie-Verlag, Berlin 2007

Francini, E. T.; Heuß, A.; Kreis, G.: Fluchtgut – Raubgut. Der Transfer von Kulturgütern in und über die Schweiz 1933–1945 und die Frage der Restitution. Chronos, Zürich 2001

Fröhlich, Elke (Hg.): Die Tagebücher von Joseph Goebbels. Sämtliche Fragmente. Teil I: Aufzeichnungen 1924–1941. K. G. Saur, München 1987

Gellately, Robert: Hingeschaut und weggesehen. Hitler und sein Volk. DVA, Stuttgart 2002

Goebbels, Joseph: Kampf um Berlin. 1. Der Anfang (1926–1927). Franz Eher Nachf., München 1932

Grosz, George: Ein kleines Ja und ein großes Nein. Rowohlt, Reinbek bei Hamburg 1979

Günther, Herbert: »Ob ich auch durchaus kein Maler bin«, in: Das Kunstblatt 15, 1931, S. 139–146

Heimann, Moritz: Renée Sintenis, in: Deutsche Kunst und Dekoration 38, 1916, S. 192–194

Hessel, Franz: Sieben Dialoge. Mit sieben monogr. Radierungen von R. Sintenis. Druckleitung, Initialen, Einbandentwurf: E. R. Weiß. Rowohlt, Berlin 1924

Heuß, Anja: Die Reichskulturkammer und die Steuerung des Kunsthandels im Dritten Reich. Sediment. Mitteilungen zur Geschichte des Kunsthandels 3, Bonn 1998, S. 49–62

Hüneke, Andreas: Das schöpferische Museum. Eine Dokumentation der Sammlung moderner Kunst 1908–1949. Stiftung Moritzburg, Halle (Saale) 2005, S. 214f.

Jannasch, Adolf: Renée Sintenis. Kunst der Gegenwart. Stichnote, Potsdam 1949

Jentsch, Ralph: Alfred Flechtheim und George Grosz. Weidle, Bonn 2008

Justi, Ludwig: Von Corinth bis Klee. Julius Bard, Berlin 1931, S. 181

Kessler, Harry Graf: Das Tagebuch. Band 7. Klett-Cotta, Stuttgart 2007

Kiel, Hanna: Renée Sintenis. Rembrandt Verlag, Berlin 1935 u. 1956

Kreis, Georg: »Entartete« Kunst für Basel: Die Herausforderung von 1939. Wiese, Basel 1990

Loerke, Oskar: Tagebücher 1903–1939. Herausgegeben von Hermann Kasack. Suhrkamp, Frankfurt am Main 1986

Meier-Graefe, Julius: Die Plastik von Renée Sintenis, in: Ausstellungskatalog Otto von Waetjen, Paul Goesch, Renée Sintenis. Galerie A. Flechtheim, Düsseldorf, 10. April–1. Mai 1920. Verlag der Galerie Flechtheim, Düsseldorf 1920

Piper, Ernst: Ernst Barlach und die nationalsozialistische Kunstpolitik. Eine dokumentarische Darstellung zur »entarteten Kunst«. Piper, München und Zürich 1983

Rave, Paul Ortwin: Kunstdiktatur im Dritten Reich. Argon, Berlin 1988

Rilke, Rainer Maria: Die Briefe an Karl und Elisabeth von der Heydt. Herausgegeben von Ingeborg Schnack u. Renate Scharffenberg. Insel Verlag, Frankfurt am Main 1986

Ringelnatz, Joachim: Das Gesamtwerk in sieben Bänden. Herausgegeben von Walter Pape. Berlin, Henssel 1984

ders.: Reisebriefe eines Artisten. Berlin, Rowohlt 1927

ders.: Fahrensleute. Berlin Verlag der Galerie Flechtheim, Berlin 1922

Ringelnatz malt. Aquarelle von Joachim Ringelnatz aus seiner Ausstellung bei Karl Nierendorf, Berlin, in: Bilder-Courier, Tägliche illustrierte Beilage zum Berliner Börsen-Courier 2, 1925, Nr. 54

Ringelnatz, Muschelkalk (Hg.): In Memoriam Joachim Ringelnatz. Privatdruck, Leipzig 1937

Scheffler, Karl: Die Frau und die Kunst, Julius Bard, Berlin 1908

ders.: Renée Sintenis, in: Kunst und Künstler 22, 1924, S. 260–262

ders.: Joachim Ringelnatz. Ausstellung in der Galerie Wiltschek, in: Kunst und Künstler 27, 1928/29, S. 160, 162

Siemsen, Hans: Zu den Bildern der Galerie Flechtheim, in: Deutsche Kunst und Dekoration 51, 1922, S. 67–74

ders.: Renée Sintenis, in: Kunst der Zeit 2, 1928, Heft 8/9, S. 158–160 ders.: Die unbekannte Renée Sintenis, in: Der Cicerone 16, Bd. 1, 1924, S. 306–309, zudem veröffentlicht in der deutschen Ausgabe der Vogue, April 1928

ders.: Neue Tierplastiken von Renée Sintenis, in: Deutsche Kunst und Dekoration 57, 1925/26, S. 61f.

ders.: Das Tigerschiff. Jungensgeschichten von Hans Siemsen mit zehn Radierungen von Renée Sintenis. Querschnitt-Verlag, Frankfurt am Main 1923

ders.: Schriften III. Briefe von und an Hans Siemsen. Michael Förster (Hg.). TORSO Verlag, Essen 1988

Sintenis, Renée: Badende Mädchen, 35 Zeichnungen, 19. Juli 1918

dies.: Badende Mädchen, 15 Radierungen, Berlin, Fritz Gurlitt, 1919

dies.: Junge Pferde. Zehn Radierungen. Dr. Ernst Hauswedell & Co., Hamburg 1940

dies.: Junge Tiere, Berlin 1922, Neuauflage 1924, in: Der Cicerone 16, Bd. 2, 1924, S. 625

dies.: Junge Tiere. Zehn Kaltnadelradierungen, Dr. Ernst Hauswedell, Hamburg zusammen mit der Galerie Buchholz, Berlin, 1948

Steinkamp, Maike: Das unerwünschte Erbe. Die Rezeption »entarteter« Kunst in Kunstkritik, Ausstellungen und Museen der SBZ und der frühen DDR. Akademie Verlag, Berlin 2008

Valentiner, W. R.: Rainer Maria Rilke und Renée Sintenis, in: Omnibus, Berlin 1931, S. 52–54

Wulf, Joseph: Die bildenden Künste im Dritten Reich. Eine Dokumentation. Ullstein, Berlin 1983

Annette Seemann
Ich bin eine befreite Frau
Peggy Gugenheim

blue notes 74, 144 Seiten
Abb., Halbleinen, Fadenheftung
ISBN 978-3-86915-159-5

Annette Seemann beleuchtet den unkonventionellen Lebensweg der Peggy Guggenheim, ihren Aufstieg zur Mäzenin, Kunstikone und bedeutendsten Galeristin des 20. Jahrhunderts. Ein außergewöhnliches, eigenwilliges Frauenleben, geprägt von Schicksalsschlägen, turbulenten Ehen, leidenschaftlichen Affären und Beziehungen zu einigen der größten Künstler der Zeit, wie Samuel Beckett, Max Ernst und Jackson Pollock.

– www.ebersbach-simon.de –

Marianne Brentzel

*Mir kann doch nichts geschehen ...
Das Leben der Nesthäkchen-
Autorin Else Ury*

blue notes 55, 160 Seiten
Abb., Halbleinen, Fadenheftung
ISBN 978-3-86915-102-1

Marianne Brentzel zeichnet im Spannungsfeld zwischen jüdischer Tradition und deutscher Kultur ein ergreifendes Porträt der Nesthäkchen-Autorin Else Ury, die von den Nationalsozialisten in Auschwitz ermordet wurde. Sie gewährt kenntnisreiche Einblicke in die Lebenswelten des jüdischen Bürgertums und entfaltet anschaulich das Panorama einer ganzen Epoche – von der Kaiserzeit bis zum Dritten Reich.

– www.ebersbach-simon.de –

Simone Frieling
*Sophie Scholl. Aufstand
des Gewissens*

blue notes 94, 144 Seiten
Abb., Halbleinen, Fadenheftung
ISBN 978-3-86915-227-1

Sophie Scholl ist eine Ikone der deutschen Geschichte. Wie
wurde aus der einst begeisterten Anhängerin des BDM eine
überzeugte Widerstandskämpferin? Simone Frieling nähert
sich Sophie Scholl in ihrem einfühlsamen Porträt anhand von
Briefen und anderen historischen Dokumenten, beleuchtet ihre
Kindheit, Jugend und Studentenzeit sowie die Beziehungen,
Werte und Vorbilder, die sie prägten – ein vielschichtiges
und zutiefst menschliches Bild von Sophie Scholl jenseits der
Legende.

– www.ebersbach-simon.de –

Bildnachweis

Archiv Georg Kolbe Museum Berlin, Nachlass Renée Sintenis: 8, 24, 71, 102, 110, 118, 125, 128, VNS; Hugo Erfurth: 82; © Interfoto – Friedrich / Renée Sintenis © VG Bild-Kunst, Bonn 2023: 58; © picture alliance / akg-images | akg-images: 34; © picture alliance / dpa: 50; © picture alliance / ullstein bild | ullstein bild: 27, 40, 44, 76; © picture alliance / ullstein bild | ullstein bild / Renée Sintenis © VG Bild-Kunst, Bonn 2023: 92; © ullstein bild – Lili Baruch: 65; © ullstein bild – Hans Robertson / Renée Sintenis © VG Bild-Kunst, Bonn 2023: 54.

1. Auflage 2023
© ebersbach & simon, Berlin
Alle Rechte vorbehalten

Umschlaggestaltung: Lisa Neuhalfen, moretypes, Berlin
Cover: © ullstein bild / Frieda Riess
Satz: Birgit Cirksena · Satzfein, Berlin
Druck und Bindung: GGP Media GmbH, Pößneck
ISBN 978-3-86915-276-9

www.ebersbach-simon.de

Gedruckt auf Papier aus nachhaltiger Forstwirtschaft
Printed in Germany